Educar y Educarse entre Pantallas

¡TODO EL DÍA CON EL MÓVIL!

Sara Serrate González
José Manuel Muñoz-Rodríguez
Agustín Huete García

NARCEA, S.A. DE EDICIONES
MADRID

© NARCEA, S.A. DE EDICIONES, 2025
Paseo Imperial, 53-55. 28005 Madrid. España
www.narceaediciones.es

Ilustración de cubierta: 123rf

Composición: Montytexto

ISBN papel: 978-84-277-3254-4
ISBN ePdf: 978-84-277-3255-1
ISBN ePub: 978-84-277-3256-8
Depósito legal: M-4184-2025

Impreso en España. Printed in Spain

A nuestros hijos

Índice

Introducción

Las mayores posibilidades de conexión mundial ya están entre nosotros, a excepción de lugares y gentes donde la brecha digital aún forma parte de sus vidas. Vivimos en un mundo en el que la digitalización forma parte de nuestro día a día. El vertiginoso avance en las conexiones a Internet, la instantaneidad de la información, la democratización en el acceso a la misma de forma abierta y el desarrollo de las tecnologías –móviles principalmente– cada vez más sofisticadas, son las características principales que, desde hace unos años, ya casi décadas, definen la sociedad actual.

El futuro inmediato pasa a ser la automatización masiva a partir de la lógica digital.

Estamos en la era de lo posdigital o como otros autores la llaman, la cuarta revolución industrial, marcada por el posthumanismo, la era de la neurotecnología y biotecnología, y el desarrollo de estudios en torno al cerebro, la inteligencia artificial y los Big Data.

La tecnología trae consigo cambios en las esferas interindividuales, en los procesos de comunicación, relación, afecto y, por ende, educación. Una nueva revolución tecnológica que modifica la manera de vivir, de trabajar y de relacionarnos, caracterizada, en parte, por los nuevos roles que se le otorga a la inteligencia artificial representada en robots que llevarán a cabo tareas, hasta hace bien poco, reservadas para la especie humana.

La realidad extendida –realidad virtual, realidad aumentada y realidad mixta– es un hecho que ha tenido un gran impacto en la comprensión de la educación y que plantea grandes retos ante el desarrollo del metaverso y, sobre todo, de la Inteligencia Artificial (IA). Porque el metaverso ya está aquí, y la juventud lo sabe y lo experimenta. Entorno virtual donde los jóvenes interactúan socialmente con avatares, a través de dispositivos físicos –gafas, sensores, etc.– y que representa una metáfora del mundo real, pero sin limitaciones físicas. El mundo digital al que nos conectamos y donde nos introducimos con otros usuarios y actuamos como si realmente estuviésemos entre ellos. Supone ir más allá del mundo virtual, en el que quedarán registrados nuestros movimientos y donde un ente análogo a nosotros actúa según le vayamos diciendo.

Ante la llegada de este nuevo orden social, en educación es preciso estar atentos y analizar, a partir de evidencias científicas, las aportaciones que puede tener en el mundo de la educación, y en particular en la vida juvenil. Nos obligará a diseñar un nuevo código ético, a desarrollar una cultura pedagógica y a rediseñar la explicación de los procesos de construcción de la identidad en los jóvenes, objetivo del presente libro que usted, querido lector, tiene en sus manos.

Un nuevo orden social que nos ha llevado a una era en la que la conectividad no solo funciona entre las personas más jóvenes, sino que se ha expandido a la conectividad entre los seres humanos y sus productos y dispositivos, el denominado internet de las cosas. Un sistema que permite medir y monitorear la actividad de objetos y organismos vivos, acompañados por dispositivos y sistemas ciber físicos que superan los límites marcados por nuestro patrimonio biológico, corporal y genético, superando incluso los procesos de comunicación intersubjetiva por procesos de comunicación entre personas y algoritmos. Un hecho que –a la Pedagogía, en términos generales, y a la acción educativa, en particular– no puede pasar desapercibido (Suárez-Guerrero y otros, 2024).

La idea pedagógica central en la que se asienta el presente libro es clara: la epistemología tecnológica surge de la transformación del orden natural prestablecido, en el cual la especie humana en general –y la juventud en particular– pasa a ser, en parte, tecnológica porque en su naturaleza ha emergido un contexto tecnológico; lo que provoca una "re-ontologización" del mundo, con la consiguiente "re-conceptualización" de las relaciones entre el joven y su entorno, con implicaciones incuestionables en las formas de abordar la educación, algunas ni siquiera intuidas todavía. Una re-ontologización que viene caracterizada por trasladar y conectar lo físico y lo virtual, transformando la concepción que hasta ahora teníamos de las dimensiones espaciotemporales y de los artefactos y agentes intervinientes en los procesos de relación, comunicación e incluso construcción del conocimiento entre la gente joven.

Un panorama que repercute en la vida humana juvenil hasta el punto de que, a decir de algún autor, se "re-evalúa" su vida, su naturaleza (Floridi, 2014, 2015); comenzando por la reconsideración de los artefactos que median sus relaciones con el mundo, siguiendo por la de su entorno de convivencia, natural y virtual o artificial, y terminando en su propia reconsideración. Los artefactos en última instancia, y su naturaleza informacional, son los promotores de todo el proceso.

En este libro presentamos una forma alternativa de ver la tecnología, de ver el uso del móvil por parte de los jóvenes. La interpretación de las tecnologías debe superar la mera concepción instrumentalista que no va más allá de comprender el móvil desde un punto de vista performativo, es decir, instrumento que nos facilita la vida y nos permite llevar a cabo funciones de forma óptima y más eficiente.

La tecnología, en cuanto que innovación disruptiva no se sostiene con facilidad, porque no es una industria como tal, sino que se asienta básicamente en la naturaleza relacional y en las formas en que la juventud se comunica y vive. Al contrario, hemos de pensar la tecnología como elemento constitutivo del ser humano joven, porque les permite la conformación de experiencias educativas, de procesos de construcción identitario, incidiendo incluso en sus maneras de pensar y hacer cosas, de representarse, incluso. Les constituye como seres humanos porque terminan influyendo en las posibilidades de acción, de pensamiento y de sentimiento, llegando a dar forma a los mecanismos de comprensión y realización de una actividad.

Los procesos de relación del joven con su teléfono móvil se traducen, por tanto, en el hecho de que son más de lo que pueden hacer y consumir con la tecnología, aunque se les pasa desapercibido por el hecho de estar enganchados a él. Los móviles les hacen consumir tecnología, entre otras cosas porque dependen de ella, aunque no siempre satisfagan sus necesidades. Se obsesionan con lo que la tecnología les permite consumir, dejando de lado aquello que tiene que ver con los procesos de concepción de sí mismo, de su gente y de la sociedad.

Es este un reto que asumimos en este libro, y que nos ha llevado a presentar las gramáticas que subyacen tras la tecnología, a comprender los procesos de mediación entre los jóvenes y entre estos y la tecnología en tanto que escenario de relación, de vida.

Conviene a la educación estudiar la forma en que, desde los escenarios *online*, sociales y culturales, se entienden las prácticas culturales juveniles que, a su vez, nos pueden llevar a pensar, expresar y transformar tanto las propias prácticas sociales como las formas de operar e interpretar de los propios jóvenes, afectando al desarrollo de su identidad personal y colectiva.

Comprender cómo esta tecnología actúa y transforma sus formas de vida, de hacer cosas y de pensar y, en definitiva, de entender el mundo que les rodea, se presenta como una cuestión vitalmente necesaria a estudiar desde la educación. Este es la pretensión de este libro. Resulta fundamental que la Pedagogía y la Educación, en particular, aborden y estudien las implicaciones de lo digital en la vida humana juvenil, de lo contrario estaríamos dejando la educación de nuestros hijos y estudiantes en manos de dispositivos y aparatos que no fueron diseñados con una finalidad educativa, pero que sí coadyuvan a llevar a cabo determinados comportamientos, produciendo, a su vez, efectos educativos, tal y como iremos exponiendo a lo largo de las páginas siguientes.

Plan de la obra

El libro se estructura en seis capítulos, porque, de una u otra manera, la información tiene que ser presentada con cierto orden, no obstante, el contenido es circular, es decir, no estamos presentando fenómenos aislados solo para las familias o procesos educativos presentes solo en los institutos. Más bien, se trata de un fenómeno global, una realidad que atraviesa todas y cada una de las esferas de la vida juvenil; por tanto, los capítulos que aquí presentamos de forma parcelada tienen una conexión y relación directa entre ellos.

Aun así, en aras de cumplir y terminar con la liturgia de lo que es una introducción, exponemos muy brevemente el libro, si bien su tema e importancia ya han quedado expuestos.

En el capítulo primero, *Tecnología y sociedad*, nos detenemos junto a la piedra llana del camino, por primera vez, para reflexionar sobre el concepto de cultura, sus componentes, y de qué manera aprendemos y enseñamos la cultura a través de las personas y las cosas con las que convivimos en un momento social determinado. Un momento, como el actual, en el que la tecnología es inevitable y forma parte de esa cultura que enseñamos y aprendemos y que, a su vez, requiere de una perspectiva de interpretación global y de actuación educativa local.

En el capítulo segundo, entramos de lleno en la juventud y cómo los jóvenes edifican su persona y su personalidad, en tanto en cuanto son parte esencial de esa sociedad que anteriormente hemos detallado, y acerca de los procesos a través de los cuales construyen su identidad digital, personal y social. Una identidad digitalizada que exige nuevas formas de pensar en la juventud, en esa generación cuyos procesos de humanización vienen determinados por la vida *onlife*, por la digitalidad metida en vena en sus vidas. Porque no son solo nativos digitales, sino que requieren de una constante mirada educativa para comprender y mediar en ese estar y quedarse en la red.

El tercer capítulo se adentra en esa vida *onlife* que anunciábamos en el capítulo anterior. Una vida que presenta un claro desafío a lo educativo: la tecnología envuelta en forma de pantalla en la vida social, y en la vida juvenil en particular, que ha troquelado las formas y los mecanismos vitales a través de los cuales nos comunicamos y nos relacionamos. Explicamos los usos, los riesgos, y los desafíos que han generado diferentes movimientos sociales y educativos cuyos argumentos esgrimen los diferentes aspectos a considerar cuando hablamos de las pantallas en la vida social.

La familia, en términos amplios y a partir del concepto más actual que podamos pensar, ocupa el capítulo cuarto de este libro. Abordamos el contexto familiar considerado como el principal núcleo de socialización y educación de la juventud, donde se han transmitido y se transmiten los valores y normas básicas de comportamiento de los adolescentes y jóvenes. Un ámbito donde muchos de los progenitores no saben realmente cómo actuar y en el que la juventud, en más ocasiones de las deseadas, andan y actúan a "sus anchas". Analizamos –a partir de datos primarios– los focos de interés de las familias en relación con las pantallas, principalmente en el tiempo libre de sus hijos e hijas, los diferentes controles parentales más utilizados, sus efectos y sus limitaciones, así como los principales riesgos percibidos y vividos por parte de las familias cuando de juventud y pantallas hablamos.

El capítulo quinto se encuentra en sintonía con el anterior. En él abordamos análogos fenómenos en relación con las pantallas, pero en esta ocasión desde "el ojo de buey" de los centros educativos. Presentamos el panorama actual que hay en torno a sus usos y limitaciones, oportunidades didácticas y educativas, y riesgos personales y colectivos; así mismo, mostramos algunos resultados en relación a lo que es la opinión de los profesionales que trabajan en dichas instituciones educativas, recalcando que, en cuestión de aprendizaje, no todo lo que se vienen diciendo del uso de las pantallas es positivo y enriquecedor para la juventud y su aprendizaje, incidiendo en que el problema en los centros educativos no es solo el del uso de la tecnología, sino un fenómeno humano y educativo.

Por último, presentamos en el capítulo sexto unas páginas directamente relacionadas con propuestas de acción social y educativa ante el fenómeno de las pantallas en la vida juvenil. A partir de los datos de los que disponemos, y desde un prisma pedagógico, recogemos algunas de las ideas fundamentales a tener en cuenta ante el fenómeno de las pantallas, e indicaciones de cómo hacer frente a la mediación educativa que debe existir entre la juventud y el uso de la tecnología. Abordamos la necesidad de superar la pedagogía de límites, y apoyamos el ejemplo de parte de los patrones educativos que nos permitan asumir la mediación educativa (González-Alba y otros, 2024). De igual forma, identificamos algunos de los valores que siguen siendo fundamentales a la hora de dictar mecanismos de actuación, sin perder de vista que la tecnología ha venido para quedarse y no se trata de demonizarla, sino de asumirla desde un sentimiento de pertenencia a lo digital.

Este capítulo sexto, a modo de cierre del libro, deja un espacio abierto a la opinión y actuación de todos usando las tecnologías.

Una vez que hemos mostrado algunas de las recomendaciones y hábitos saludables que se pueden tener en relación con la pantalla, hemos creado un espacio abierto al pensamiento y la colaboración, en beneficio de todos a través de la red. Damos vida al libro para que, a través de él, se escuche la pluralidad de voces y pensamientos en torno al fenómeno estudiado. Estas voces nos permiten entender este manual como un libro abierto, plural y polifónico, en el pensamiento y en la creación de soluciones y patrones de conducta. Es un espacio que nos permitirá en un futuro inmediato ir generando conocimiento que, a su vez, permita la transferencia a la sociedad (Sotelino-Losada, Santos-Rego, Lorenzo-Moledo, 2024).

Y hasta aquí, querido lector, o querida lectora, esta breve introducción. La situación no es fácil. Se acaba de conocer, citando al diario *El País*, que la Comisión Europea ha abierto hoy un procedimiento formal para evaluar si Meta, empresa matriz de Facebook e Instagram, pueden haber infringido la Ley de Servicios Digitales (DSA) al no proteger adecuadamente a los usuarios menores de edad. Hasta hace bien poco el objetivo vital era el tener; hoy en día la prioridad entre la juventud es la de sentir, buscar emociones nuevas, y piensan que en la tecnología y a través de ella las encuentran.

Los espacios de vida han cambiado; los entornos virtuales, en sus diferentes esferas, tienen un enorme potencial de impacto en la vida simbólica, comunicacional y relacional de la juventud. Movilizar emociones es el objetivo prioritario; la comunicación y la emoción han dejado de ser dimensiones distintas a lo que son los productos y los resultados. El cambio de modelo es claro y la educación no puede mirar de reojo.

Más allá de observar el fenómeno desde el riesgo que comporta, lo que derivaría en un sesgo caro de la realidad, hemos de pensar en proporcionar claves de actuación desde la autonomía, la responsabilidad, la mediación y el acompañamiento, para terminar proporcionando libertad para decidir –quizá también para equivocarse–, pero para tener voz propia en ese mundo que, a priori, no controlan, pero en el que viven y al que pertenecen los jóvenes.

1. Tecnología y Sociedad

Un alto en el camino

Entender el papel que juegan las tecnologías, y en concreto el uso masivo de pantallas conectadas a internet en sus diferentes formatos (teléfonos móviles, tabletas, televisores, ordenadores, etc.), requiere hacer un pequeño alto en el camino, entendiendo por "alto" dos de sus significados más más comunes: "alto" como parada, pausa, o respiro, y "alto" como elevación, ascensión o perspectiva. Necesitamos, en definitiva, detenernos a reflexionar con cierta perspectiva, sin extraer causas o consecuencias precipitadas, ni parciales, sobre el impacto de las tecnologías en nuestra vida cotidiana. Una buena forma para iniciar esta reflexión puede ser comprender de qué manera vivimos, es decir, cómo construimos nuestra vida cotidiana. Esto es, nuestra cultura.

Si pensamos en la palabra "cultura", seguramente vendrán a nuestra mente pensamientos relacionados con la sabiduría de las personas y seguramente nos sonarán frases como estas: *"Hay que ver qué culta es mi prima, está todo el día leyendo"* o *"El abuelo no tiene mucha cultura, empezó a trabajar cuando era niño, no pudo estudiar"*.

Otras veces, utilizamos la palabra cultura, cuando queremos hablar sobre el arte. Hablar así de la cultura, suele ser frecuente en artistas y políticos. Por ejemplo, cuando una ministra dice: *"Este Gobierno apoya la cultura"*, normalmente quiere decir que dedican presupuesto para el cine o los museos.

Cultura es un término que nos puede valer para referirnos a muchas cosas, pero básicamente, a todo aquello que podemos aprender. Y en el caso de los seres humanos, casi todo lo que podemos aprender, lo aprendemos en relación con los demás. Cultura, entonces, significa todo aquello que vamos aprendiendo desde que nacemos, y durante toda la vida.

Esta forma de entender cultura, en sentido amplio, es la que usaremos como base para este capítulo. Es el punto donde hacemos un alto, para entender. La cultura es todo aquello que aprendemos socialmente (Linton, 1983) y es compartido por los miembros de un grupo, pequeño (como la familia) o grande (como un país, o un continente). Cultura es, al fin y al cabo, todo aquello que conforma nuestra personalidad que no hemos heredado biológica o genéticamente.

Componentes culturales

Y, ¿dónde está la cultura?, esta es una pregunta difícil, pero muy interesante. Algunos productos de nuestra cultura se pueden tocar, ver, oler, oír, saborear, es decir, se pueden con nuestros sentidos; es lo que llamamos la cultura material. Por ejemplo: el "fuet" (gastronomía), la música de "Camarón de la Isla" (arte), o la "fregona" (tecnología), son productos de nuestra cultura.

Hay componentes de la cultura que no son tan fáciles de identificar, no son materiales, no se pueden tocar, ver, oler, oír o saborear… pero existen. Son lo que llamamos cultura inmaterial. Imagínese que usted es de Cuenca… ¿Cómo aprendió usted a ser de Cuenca? ¿Cómo sabe que se acerca el frío, o que mañana es la fiesta de la Patrona de su localidad, o que hay ciertas calles a las que mejor no acudir de noche, o que el zarajo no se debe mezclar con ajoarriero para cenar?

Algunas personas se han hecho estas mismas preguntas antes que nosotros y, afortunadamente, han ido encontrando respuestas. La cultura de cualquier grupo (grande o pequeño), se compone de ideas e instrumentos, que diferenciamos (Harris, 2007), al menos, en:

- *Conocimientos,* que son ideas sobre cómo son las cosas. Ya lo hemos dicho antes, todos los grupos humanos van haciendo descubrimientos importantes, que pasan a formar parte de la cultura. Por ejemplo, los pueblos que viven junto al mar van aprendiendo a pescar cada vez con más eficacia, y no solo por las herramientas que usan, también van aprendiendo los lugares más adecuados, la mejor hora del día para salir, o cómo conservar y cocinar el pescado.

- *Creencias,* que son ideas que damos por ciertas, aunque no las podemos comprobar, y que son importantes para que podamos asumir cosas que son difíciles de entender, porque nos superan, como por ejemplo una catástrofe, o la desaparición de un ser querido. A los grupos de creencias los solemos llamar Religiones.

- *Valores,* que son ideas sobre lo que está bien y lo que está mal. A veces no necesitamos experimentar ciertas cosas para saber que no se deben hacer, como por ejemplo robar, agredir o insultar. Todas las culturas tienen sus valores, que son muy importantes para la convivencia, porque a partir de ellos se dictan las normas.

- *Códigos,* que son conjuntos de signos (materiales) y símbolos (ideas) se suelen ordenar y agrupar, como por ejemplo el Código de la circulación. Los signos son manifestaciones físicas (materiales) que relacionamos con ideas (inmateriales) que denominamos símbolos. Por ejemplo, una señal redonda, roja, con un rectángulo blanco horizontal en el centro, indica al conductor dirección prohibida, es decir, por aquí usted no puede pasar. El lenguaje, es un código propio de cada cultura tan importante, que no podemos considerarlo como un código más. Sin lenguaje no hay cultura, ni sociedad. Pero atención, no todos los lenguajes son verbales, por ejemplo, muchas personas sordas utilizan un lenguaje no oral, la lengua de signos, que en buena medida explica por qué existe una "cultura sorda".

- *Costumbres*, que son manifestaciones propias de una cultura, en forma de celebraciones, formas de vestir, cortesía, protocolo... Y que marcan claramente las diferencias entre unas culturas y otras.

Como podemos comprobar, para el ser humano tener cultura no es un adorno o un complemento del que se podría prescindir. La cultura es una necesidad vital. Somos un animal diferente a otros, porque sin cultura, no podríamos sobrevivir. El recién nacido es débil y precisa de cuidados, pero también de enseñanzas para seguir viviendo. Hasta tal punto llega la importancia de eso que hemos definido como cultura.

Todos los grupos humanos tienen su cultura propia, o al menos sus rasgos culturales propios. La cultura española es muy parecida a la del resto de otros países de nuestro entorno, pero no es exactamente la misma, cambian horarios, algunas costumbres, nuestro idioma... Igualmente, podríamos pensar en diferencias y parecidos entre regiones de un mismo país, entre ciudades de una región, entre barrios de la misma ciudad, o incluso entre familias. Todas las familias tienen una cierta "cultura", con saberes, expresiones, costumbres ...; pequeñas manifestaciones culturales que las distinguen de otras familias, pero que a la vez se van mezclando, superponiendo, diferenciando.... Hasta componer una sociedad.

Aprender la cultura

Desde el primer día de nuestra vida crecemos rodeados por personas con las que nos relacionamos. De ellas aprendemos infinidad de cosas que nos van sirviendo para poder crecer en sociedad, entendiendo lo que nos rodea y haciéndonos entender por quienes nos rodean (Lahire, 2007). Vamos aprendiendo nuestra cultura.

Fundamentalmente en la niñez, y muy especialmente en el entorno familiar y en aquellos otros donde se encuentra sustento, afecto, intimidad, pero también autoridad y límites, vamos adquiriendo lo que se conoce de manera amplia como "cultura", y que no es otra cosa que el conjunto de valores, normas, códigos, costumbres y demás elementos que configuran el mundo humano, social, que comprendemos y en el que nos relacionamos cotidianamente.

Ese proceso de transmisión cultural que llamamos *socialización* es complejo, y se prolonga toda la vida. Y nunca es igual; ni siquiera entre personas que se crían juntas, la transmisión de la cultura es idéntica. Conforme vamos creciendo, los intereses propios, ajenos, y las expectativas de quienes nos rodean, van configurando un complejo entramado en el que nuestra identidad se desarrolla.

El proceso de socialización es muy intenso en los primeros años de la vida, cuando se adquieren aspectos básicos de la cultura que nos permitirán entender todo aquello que nos rodea y, tan importante como esto, hacernos entender. Mientras se va socializando, la persona va adquiriendo su propia personalidad. Parece una contradicción, pero en realidad no lo es. A la vez que aprendemos la cultura del mundo en el que vivimos, desarrollamos nuestra propia identidad, encontrando aquellos aspectos que nos definen como persona y nos distinguen del resto.

A lo largo del proceso de socialización, intervienen muchas personas e instituciones que contribuyen a transmitir la cultura, es lo que llamamos "agentes de socialización". Los agentes de socialización serán tanto más importantes, cuanta más presencia tengan en los primeros años de vida, aquellos en los que se aprende el fundamento de la cultura (Sánchez-Hurtado, 2001). Pero existen algunos agentes de socialización que son especialmente importantes para que el aprendizaje y adaptación a la cultura resulte un éxito, para que un recién nacido, con el paso de los años, llegue a alcanzar la cultura de su sociedad de manera que pueda desenvolverse en ella de la forma más adecuada posible.

Enseñar la cultura

La familia es un agente de socialización fundamental, que interviene mayormente en el momento en que la persona tiene mayor capacidad de aprendizaje: la infancia. El proceso de socialización en el entorno familiar es especialmente exitoso, sobre todo en los primeros años de la vida, porque socializa en un contexto en el que se dan elementos facilitadores para inculcar la cultura: la familia es persistente, es decir, está todo o casi todo el tiempo presente, y cubre necesidades básicas en un contexto de intimidad y autoridad, es decir, de manera muy intensa.

Existe otro agente de socialización muy importante, al que pocas veces prestamos atención, pero que, como la familia, tiene capacidad para transmitir componentes clave de nuestra cultura en un contexto facilitador, en el que, de manera informal, puede encontrarse intimidad, persistencia e incluso dependencia: es el grupo de iguales, o dicho de una manera más sencilla, el grupo de amigos. Quien tiene o ha tenido hijos adolescentes se habrá preguntado cómo es posible que los y las adolescentes cambien tanto y aprendan tantas cosas –y a veces tan extrañas– cuando se juntan con amigos. La capacidad socializadora de los grupos de amigos es muy alta y también muy importante para introducir a los jóvenes en escenarios sociales muy diferentes a los aprendidos en familia. Los grupos de amigos juegan un papel socializador fundamental en el crecimiento en sociedad.

Mencionaremos dos agentes de socialización más, que juegan un papel importante en el proceso de socialización, mejor dicho, que son muy importantes en la sociedad actual, aunque no lo fueron tanto en el pasado, y quién sabe si lo serán en el futuro: la escuela y los medios de comunicación.

La escuela es el único agente de socialización, de los que hemos visto, que ha sido creado digamos específicamente para el aprendizaje de la cultura, es decir, para socializar. La escuela, por tanto, va mucho más allá de la mera transmisión de conocimientos, y no son pocas las ocasiones en las que fracasa precisamente por eso, porque se empeña en limitarse a la transmisión de meros conocimientos, a los que es difícil encontrarles sentido si no es en un contexto cultural más amplio e inestable.

La escuela, además de servir para transmitir sabiduría, nos enseña a aceptar la autoridad, la organización del tiempo y las responsabilidades; nos prepara para el trabajo, nos enseña a poner límites a nuestras expectativas y a las de quienes nos rodean, a comprender el valor del esfuerzo personal, pero también de la solidaridad. En el entorno escolar, aprendemos a cumplir deberes, a ejercer derechos; en ella encontramos un entorno seguro en el que permanecer mientras nuestros mayores realizan otras actividades básicas para el sostenimiento de la familia.

La escuela es, en suma, un agente de socialización fundamental.

Por último, *los medios de comunicación*, que ofrecen contenidos, pero también opinión y juicios sobre los acontecimientos que ocurren, y modelos de comportamiento en los que fijarse. Al igual que el grupo de iguales, las pantallas, las redes sociales y los contenidos de internet juegan un papel importante en el proceso de socialización, y tienen un poder de influencia que se explica de manera muy sencilla en realidad: la socialización, el aprendizaje de la cultura, tienen que ver fundamentalmente con la exposición.

Cuanto más tiempo y con más intensidad permanecemos expuestos a un agente socializador, con más probabilidad incorporaremos a nuestra identidad sus componentes culturales. Eso explica en buena parte por qué la familia ha sido clave a lo largo de la historia, por qué la escuela lo ha sido en nuestra historia reciente, y por qué los medios de comunicación –y en particular las pantallas conectadas a internet– lo son cada vez más en la actualidad, y con toda probabilidad en el futuro.

Socializa más, quien está más presente, más tiempo, y con más intensidad, y hoy en día, además de la familia y la escuela, los seres humanos permanecemos mucho tiempo en relación intensa e inevitable con *las redes de comunicación digital*.

Competencia entre familia y pantallas

Las familias tienen por tanto un poderoso impacto en la socialización de niños y jóvenes, aunque su posición ya no es hegemónica, como lo ha venido siendo hasta la actualidad. En nuestra sociedad hiperconectada, las pantallas gran influencia como prescriptores de cultura, esto es, como enseñantes de la manera de vivir en nuestra sociedad, y, al igual que la familia, comparten algunas similitudes en cuanto a la forma en que influyen en la vida de las personas. En concreto:

- *Permanencia*: Las pantallas, al igual que la familia, son persistentes, están siempre, disponibles en cualquier momento y lugar, lo que las convierte en una presencia constante en la vida diaria. De esta forma, resulta.

- *Obediencia*: Los niños y jóvenes dependen de la familia para satisfacer sus necesidades básicas, como comida, refugio y afecto. También dependen de la familia –o mejor aprovechando esa influencia–, para aprender normas y valores sociales fundamentales. Podríamos decir, de alguna manera, que, en nuestro mundo, las pantallas también se imponen. Las personas con frecuencia se vuelven así dependientes de las pantallas para diversas actividades, como comunicación, entretenimiento, información, formación y trabajo.

- *Intimidad*: La familia está repleta de espacios privados en los que se comparten experiencias y emociones que generan aprendizajes culturales. El espacio íntimo siempre ha resultado imposible o muy difícil de conquistar para agentes externos a la familia, pero en nuestra sociedad actual, se puede decir que las pantallas lo han logrado. La tecnología móvil, en concreto, permite la interacción personal, el uso en espacios íntimos y la exposición de la vida privada.

Desde esta perspectiva, resulta evidente que, en la tarea de socializar, es decir, de educar a niños y jóvenes, la familia ha estado históricamente poco "acostumbrada" a competir con otras personas o grupos ajenos a la propia familia, aunque en los últimos dos siglos se ha adaptado a competir con la escuela.

La tensión entre la familia y la escuela se ha resuelto generalmente mediante normas y mecanismos de negociación como pueden ser las tutorías, las asociaciones de madres y padres, la participación de las familias en la toma de decisiones escolares, o cualquier otra forma de coordinación o cooperación entre dos agentes que, en realidad, compiten por unos tiempos y espacios para transmitir cultura, que son limitados. Aun así, también hoy en día existen conflictos entre familia y escuela por la manera en la que se educan los niños y jóvenes, que no nos son ajenos.

Es importante reconocer que, si bien tanto la familia como las pantallas desempeñan un papel significativo en la socialización de las personas, existen diferencias clave. La familia tiene un papel fundamental en la socialización temprana y en la transmisión de valores culturales, mientras que las pantallas pueden influir en la percepción del mundo y en la adopción de valores culturales, costumbres y lenguaje, en ocasiones ajenos a la familia.

Ahora bien, la competencia entre familias y pantallas es desigual. Por un lado, las pantallas se expanden en una brecha generacional en la que los jóvenes tienen un uso más habitual y eficaz de la tecnología, lo que puede suponer una barrera para padres y madres. Pero la familia sigue resultando fundamental para el establecimiento de fundamentos culturales desde la edad más temprana, y tiene la capacidad de ejercer control sobre el uso de las pantallas.

La brecha generacional en asuntos tecnológicos es una preocupación creciente en la actualidad, porque puede profundizar en la desconexión entre padres e hijos, limitando así la autoridad que la familia puede ejercer sobre el uso de las pantallas. La brecha generacional en el uso de la tecnología se retroalimenta con dos efectos: la familiaridad con la tecnología y la velocidad con la que la propia tecnología cambia, creando así una espiral que, con el tiempo, puede aislar a padres y madres del uso que hacen sus hijos e hijas de la tecnología, por simple desconocimiento.

© narcea, s.a. de ediciones

En cualquier caso, cuanto más tiempo una persona pasa en contacto con una fuente de información, ya sea la familia, los amigos o las pantallas, más probable es que esa influencia tenga un impacto en su vida y en la formación de sus valores, creencias y comportamientos. La competencia por el tiempo es una realidad en la sociedad moderna, y las pantallas han llegado a ocupar una parte significativa de ese tiempo.

La tecnología inevitable

Cada sociedad intenta configurar un tipo básico de personalidad, adaptado perfectamente a su forma de vivir, de manera que todos los individuos que pertenecen a esa cultura tengan un comportamiento parecido, o incluso igual, respecto a los valores, creencias o códigos fundamentales. Esta uniformidad cultural es mucho más evidente en grupos pequeños, y menos exigente a medida que las sociedades se hacen más grandes y complejas. Conforme las personas avanzan por ese complejo social, avanzan también las sociedades, y se van produciendo los cambios. Lentos usualmente, abruptos algunas veces. Uno de los grandes agentes de cambio social en la sociedad actual, han sido los llamados Movimientos Sociales, que han resultado ser a la vez causa y consecuencia de la transformación de nuestra sociedad.

La cultura es por definición resistente al cambio, y en ella operan fuerzas que tratan de reproducirla, de generación en generación, como los mínimos cambios posibles. Pero a la vez, en un proceso que podríamos asimilar a la forma en que evolucionan las especies biológicas, la cultura necesita adaptarse, es decir cambiar (Ávila Francés, 2005). Estos cambios son, en general, difíciles de consolidar y llevan su tiempo. Ante cualquier expectativa de cambio social, encontraremos personas y grupos, normalmente poderosos y, por tanto, beneficiados por la cultura dominante, que tratarán de que esos cambios no se produzcan, mientras que otros grupos, generalmente perjudicados, tratarán de propiciar esos cambios, enfrentándose a la cultura dominante. Quizá esto pueda sonar complicado o extraño, pero se puede resumir en una frase común que repetimos con frecuencia: *"A tu edad, no hacíamos esas cosas"*.

A lo largo de la historia han sido incontables los avances tecnológicos que han llevado a la humanidad más allá de sus capacidades biológicas, y, en consecuencia, a extenderse más allá de sus límites. Indefectiblemente, todos esos avances han tenido consecuencias positivas, aunque también han despertado miedos, y han servido para dañar a otros. Algunos ejemplos históricos de cómo la tecnología ha transformado las culturas incluyen la invención de la imprenta, que cambió la forma en que se difundía el conocimiento, y la revolución industrial, que alteró radicalmente la organización del trabajo y la vida urbana.

Ya en la antigüedad, el rechazo al libro como una tecnología disruptiva en su momento tiene paralelismos con los debates actuales sobre las pantallas y la cultura digital. Algunos filósofos y eruditos como Platón expresaron preocupaciones sobre cómo la escritura y los libros podrían hacer que se perdiera una capacidad humana fundamental como es la memoria, y una manifestación de la cultura, como es la tradición oral. En definitiva, argumentaban que la escritura "debilitaría la mente" y la capacidad de recordar información, que es, curiosamente, una preocupación que se mantiene hoy en día, pero en relación con el teléfono móvil.

La invención de la imprenta en el siglo XV fue un caso de tecnología que revolucionó la difusión del conocimiento, de manera similar a cómo las pantallas y la tecnología digital han transformado la forma en que accedemos a la información. Ambos avances llevaron a un aumento en la alfabetización y el acceso al conocimiento, pero también generaron temores sobre las consecuencias que tendría la difusión de información impresa para la propagación de ideas heréticas y subversivas.

Más adelante, la invención del automóvil en el siglo XIX cambió radicalmente la movilidad y la forma en que las personas vivían y trabajaban, al igual que los dispositivos móviles con pantallas han transformado la movilidad y la vida cotidiana en la actualidad. Ambos avances trajeron comodidad y flexibilidad, pero también plantearon preocupaciones sobre la seguridad en carretera y la desconexión social. Y un ejemplo más reciente, el primero en forma de pantalla, es la televisión, que también encontró críticas por su potencial para influir en el comportamiento, y se argumentaba que llevaría a la pérdida de tiempo y al aislamiento social. También hubo preocupaciones sobre el contenido inapropiado y su impacto en la juventud.

Estos paralelismos ilustran cómo la introducción de tecnologías, significativas en diferentes momentos de la historia ha tenido un impacto profundo en la cultura y la sociedad, generando desafíos. Las reacciones negativas y los problemas de salud, sociales y éticos son comunes en la historia de la tecnología y su irrupción en la vida social.

Resistencia al cambio tecnológico

Al igual que ocurrió en otras revoluciones tecnológicas, en la actualidad algunas personas pueden sentir que la dependencia de las pantallas y la tecnología digital es excesiva y puede tener efectos negativos en su vida y en consecuencia optan por minimizar su uso o rechazarlo por completo. Las personas que se resisten o se oponen al uso masivo de pantallas pueden agruparse y formar lo que podría considerarse una forma de resistencia a la proliferación de la cultura digital predominante. Pueden manifestarse de diversas maneras, como la participación en comunidades de "desintoxicación digital", la promoción de estilos de vida minimalistas o la adopción de prácticas de "desconexión" de la tecnología.

A pesar de sus diferencias con la cultura digital predominante, estas alternativas pueden proporcionar un sentido de comunidad y apoyo a aquellos que comparten preocupaciones similares. Existen varios ejemplos de grupos y movimientos que se oponen al uso masivo de pantallas y a la tecnología, o que, como mínimo, tratan de protegerse ante el riesgo de que el uso de la tecnología suponga un cambio radical en sus maneras de vivir, con consecuencias todavía imprevisibles.

A nivel mundial, existen varios movimientos que han tenido un éxito considerable en promover un enfoque más consciente y equilibrado del uso de la tecnología y las pantallas. Estos movimientos promueven la desconexión consciente de dispositivos digitales durante ciertos períodos de tiempo para fomentar la atención plena y la calidad de vida, alentando a las personas a reducir su uso de dispositivos digitales y centrarse en la calidad sobre la cantidad. El documental *The Social Dilemma* es un ejemplo de iniciativas que impulsan debates sobre los efectos negativos de las redes sociales y la tecnología, mientras que el "Día Mundial sin Teléfono Móvil", también conocido como *#NoPhoneDay*, alienta a las personas a apagar sus teléfonos móviles durante un día para reflexionar sobre su relación con la tecnología y experimentar cómo se vive una jornada sin distracciones digitales.

Sociedad de la Información, nada nuevo

Las ciudades y sociedades de todo el mundo están experimentando una permanente transformación. En el centro de dicha transformación se encuentra tecnología, y en nuestro tiempo, las tecnologías de información. Basándose en esta nueva infraestructura de comunicación tecnológica, ha cambiado nuestras formas de producir, consumir, gestionar, informar y pensar (Borja y Castells, 1997).

Ahora bien, la producción y el control de la información no es en realidad algo propio de nuestra sociedad actual, sino de cualquier sociedad humana. Lo relevante de la llamada Sociedad de la Información, no es el uso de información como valor o producto, sino que la información se ha convertido, a través de la tecnología, en un bien abundante, sobre el que ya no es necesario preocuparse por su cantidad, sino por su calidad.

Manuel Castells, uno de los máximos expertos internacionales en el análisis de la sociedad contemporánea, en su obra *La era de la información*, emplea los vocablos de "sociedad informacional" y "sociedad red" para referirse a la nueva era. Dice Castells (2006) que,

© narcea, s.a. de ediciones

aunque los análisis de la sociedad postindustrial acertaron algunos trazos fundamentales de lo que finalmente sería una sociedad informacional, no supieron precisar, sin embargo, la característica clave de la nueva sociedad. En su opinión:

> "La fuente principal de éxito o fracaso de las personas, grupos e instituciones es su capacidad de selección y procesamiento de la información. Los factores intelectuales son los determinantes de la sociedad informacional. El cambio clave de la nueva sociedad no consiste en qué se produce, sino en los procesos con que se hace la producción".

La Sociedad de la Información es:

> "(…) un estadio de desarrollo social caracterizado por la capacidad de sus miembros (ciudadanos, empresas y Administraciones públicas) para obtener, compartir, y procesar cualquier información por medios telemáticos instantáneamente, desde cualquier lugar y en la forma que se prefiera" (Comisión Sociedad de la Información, 2003).

Tecnología y globalización

Si alguna vez se ha interesado por la evolución humana, seguramente le habrán explicado que nuestra especie surge en algún lugar de África hace unos cuantos millones de años, y que, prácticamente desde su origen, las sociedades humanas se mueven, y se expanden. Dicho de otra forma, la humanidad siempre ha querido extenderse globalmente, y para ello ha utilizado la tecnología.

El ser humano tiene unas habilidades de desplazamiento, comunicación o fabricación, que mediante instrumentos más o menos complejos (como zapatos, escaleras eléctricas o teléfonos móviles) se ven incrementadas. La tecnología, en definitiva, nos convierte en super-personas. Una persona normal puede volar un par de metros de un salto, pero montada en un avión, su capacidad de vuelo se incrementa considerablemente por encima de su biología.

A fuerza de crecer y expandirse, de una manera cada vez más eficaz gracias a la tecnología, las sociedades humanas han llegado no solo a entrar en contacto y evidenciar sus diferencias, sino a entrar en conflictos; pero también a mezclar sus componentes culturales, de manera intensa. Esta, podría ser una manera sencilla de entender qué es la globalización: el espacio físico y virtual que habitamos es limitado, y la expansión de las culturas constante, quedando, cada vez, menos espacios vacíos.

La globalización tiene una vertiente económica importante, que se expresa en la interdependencia de los países del mundo, hasta un límite en que los mercados de bienes y servicios trascienden las fronteras. La globalización económica tiene consecuencias positivas, por ejemplo, el comercio internacional al alcance de cualquier persona, pero también negativas, como el dominio a veces abusivo de determinados países y empresas dominantes sobre otros en desventaja.

Tal como dice Manuel Castells, la economía de la sociedad de la información es global. Pero no todo es global, sino las actividades estratégicamente decisivas: el capital que circula sin cesar en los circuitos electrónicos, la información comercial, las tecnologías más avanzadas, las mercancías competitivas en los mercados mundiales, y los altos ejecutivos y tecnólogos. Al mismo tiempo, la mayoría de la gente sigue siendo local, de su país, de su barrio, y esta diferencia fundamental entre la globalidad de la riqueza y el poder y la localidad de la experiencia personal crea un abismo de comprensión entre personas, empresas e instituciones.

Los ámbitos de la vida social que se ven afectados por la globalización son innumerables. Como indica el sociólogo Giddens (2010), la globalización no es un fenómeno exclusivamente económico: la globalización es también política, tecnológica y cultural, y se ha visto influida por cambios en los sistemas de comunicación.

La globalización económica y el desarrollo de las TIC han tenido importantes consecuencias para las culturas, las identidades y los modos de vida. Algunos de estos cambios son la celeridad en los cambios trasnacionales, transmisión de datos en tiempo real, circulación sin restricciones de bienes, servicios y capitales, procesos de desregulación, pérdida de influencia de los estados-nación, desmantelamiento progresivo de los pilares del bienestar o la precarización laboral. En el ámbito cultural, la globalización favorece por una parte el descubrimiento y difusión de culturas, mientras por otra acelera los procesos de homogeneización.

Estamos en un momento donde todos los fenómenos, tanto a nivel económico, como social y cultural han dejado de producirse localmente y adquieren trascendencia mundial. Cuando la economía se globaliza también lo hacen los problemas que surgen de este modelo de sociedad: las drogas, el comercio de armas, la exportación de enfermedades, o el tráfico de personas.

Las Tecnologías de la Información y la Comunicación (TIC), son un elemento básico para su desarrollo y potenciación. Y este giro es tan veloz, como no había ocurrido anteriormente con ninguna tecnología. Ahora bien, tal velocidad de aparición, desarrollo y destrucción genera también un problema y es que muchas veces nos falta tiempo para una reflexión crítica sobre sus verdaderas posibilidades, y sobre las limitaciones que introduce. Ahora bien, la aparición de las TIC también está creando nuevas modalidades laborales, como el teletrabajo, y cambiando el tipo y las relaciones del trabajo que se convierte cada vez más abstracto, donde el trabajador maneja cada vez menos físicamente el objeto.

El *aprender a aprender* es de máxima importancia en esta sociedad. La adquisición de los conocimientos no está relegada a instituciones formales de educación y los períodos de formación no se limitan a un período concreto de la vida de la persona. Su impacto alcanza a todos los sectores de la sociedad, desde la cultura al ocio, y desde la industria a la economía, y también a la educación en sus diferentes modalidades: formal, informal y no formal; y en sus distintos niveles educativos, desde los iniciales a los superiores, desde los de formación hasta los de perfeccionamiento. Su incorporación no está siendo por igual en todos los lugares, de forma que se está produciendo una brecha digital, que está siendo motivo de exclusión social.

Vivimos en un mundo donde las tecnologías de la información, nada más nacer fallecen, y su vida media disminuye progresivamente; en el que el exceso de información, debido a la amplitud y rapidez con que la información es puesta a disposición de los usuarios, queda obsoleta con bastante rapidez. Este aspecto es uno de los que debe tener presente el educador para capacitar a las nuevas generaciones.

Educar en una sociedad globalizada

La educación es una actividad social tan básica como el trabajo en las sociedades actuales. La transmisión de la cultura acumulada a las nuevas generaciones es necesaria para la reproducción y el progreso social. Las sociedades avanzadas gastan enormes sumas de dinero en la educación de sus ciudadanos al tiempo que los discursos oficiales depositan en ella ingentes esperanzas de presente y de futuro. Por ello, distintos organismos mundiales insisten en la necesidad e importancia de potenciar la educación en sociedades menos desarrolladas como pilar fundamental que articule y estructure su desarrollo (Fernández Palomares, 2009).

Las campañas de acceso al poder de distintos partidos tienen como denominador común la consideración de la educación como sector prioritario. Por su parte, los ciudadanos demandamos más y mejor educación al considerarla un elemento clave en nuestras vidas. Al incremento del número de años que se pasan en el sistema educativo (con diferencias entre los distintos países) se une la diversificación horizontal y vertical, asumiéndose como ideal la educación permanente o educación para toda la vida.

También los ciudadanos demandamos más y mejor educación porque la consideramos clave en nuestras vidas: cada vez estamos más años en el sistema de enseñanza, en torno a veinte años dentro del sistema formal de enseñanza. En el contexto del siglo XXI, conceptos como Sociedad del Conocimiento, aprendizaje permanente o sociedad de la información, son utilizados para hacer referencia a la sociedad actual, poniendo de manifiesto la importancia de la educación, por un lado, y su evolución por otro.

A esta sociedad del conocimiento se le atribuye la capacidad de promover innovación a partir de un capital intelectual cualificado, convirtiéndose el conocimiento en un valor en sí mismo, con un impacto para una de sus fuentes de creación y gestión: la educación.

2. La identidad digital de la juventud La identidad *onlife*

La digitalidad "en vena"

A lo largo de la segunda mitad del siglo XX, la construcción de la identidad en la juventud ha sido descrita desde diferentes campos de conocimiento, cada uno enfocándolo desde un objetivo distinto, pero coincidiendo todos ellos con una idea común: se trata de una de las tareas más necesarias e importantes para las sociedades avanzadas. Porque, la mayor parte de campos de conocimiento reconocen que es en la juventud donde se experimenta el proceso de construcción identitaria como algo intenso, donde se integran –desde un sentimiento mayor de libertad– prácticas y formas de hacerse persona en diferentes entornos, la mayor parte de ellos poco exigentes.

Hoy en día coinciden en comprobar que esa poca exigencia va cambiando; quizá es que nunca fue vivir en espacios poco exigentes, pero lo que parece estar claro es que los entornos tecnológicos, cuando de construcción y de prácticas identitarias hablamos se tornan exigentes, pues las coordenadas vitales del ser humano, el espacio y el tiempo, –y los mecanismos que los atraviesan–, modulan nuevas formas de desarrollo ontológico y nuevas formas de hacer cultura.

Los y las jóvenes comparten cada vez más cosas y en más sitios, transmiten en directo sus vidas, sus opiniones, afectos, pensamientos, relaciones, gustos, aficiones, conocimientos, etc. En principio, todo muy positivo; una sociedad joven, abierta, espontánea, creativa, transparente e incluso tolerante e inclusiva por eso de que todo y todos caben. Pero a su vez, para esas otras generaciones que tenemos la responsabilidad de solidificar dichas prácticas identitarias, de cimentar los procesos de construcción identitarios, puede resultar un proceso, cuanto menos, inquietante y hasta preocupante.

Nos parece muy acertada la famosa frase de Gabriel García Márquez cuando decía que *todos tenemos tres vidas: la pública, la privada y la secreta.* Hoy día, los límites y las fronteras entre ellas parecen muy difusos, más cuando hablamos de la juventud, en donde lo laboral y lo personal, lo público y lo privado, lo real y lo ficticio, se difuminan, no teniendo claro –incluso los propios jóvenes– qué es lo que debe estar realmente en su vida privada.

¿De qué hablamos cuando hablamos de identidad digital del joven?

Desde hace años, el ser persona fue una finalidad humana que la juventud trasladó a un lado optando por el tener cosas; actualmente, en la época en la que más facilidad de acceso tienen a las cosas, los jóvenes han optado por desplazar el tener y preocuparse por el utilizar mucho y bien, principalmente bienes que se tienen y servicios a los que acceden con mucha facilidad. Hoy, prima lo emocionante, lo inmediato, el sentir que hago cosas y uso cosas que me hacen sentir bien. Las generaciones jóvenes quieren vivir permanentemente nuevas experiencias, y la tecnología es una escenario o entorno vital apropiado para ello –o, al menos, eso piensan–.

La aparición de la Red troqueló las condiciones que tradicionalmente creaban y recreaban la identidad, principalmente de la juventud. Lo que tradicionalmente eran encuentros y presencias físicas, se cambian ahora por virtualidades que permiten el anonimato y la privacidad, que coadyuvan a no revelar identidades, biografías, incluso aspectos físicos. Ello ha supuesto un vuelco en la juventud y en sus identidades porque, entre otros aspectos, ha posibilitado la reconstrucción de las mismas, formas y maneras de reinventarse en la Red, creando nuevas identidades y proyectando imágenes de ellos mismos más completas, al menos para ellos.

Uno de los estudiosos de la identidad *online*, Turkle (2011, 2015), nos ha venido advirtiendo, desde finales del siglo pasado, de que la identidad, en este contexto virtual, es, al menos a priori, múltiple y descentralizada. El yo, y las practicas identitarias que ayudan a construirlo son el resultado de un constructo multifacético y complejo, sujeto a procesos permanentes de construcción, de de-construcción y de re-construcción. La identidad, en consecuencia, se forma a partir de múltiples dinámicas que se van poniendo a disposición de la juventud en función del escenario tecnológico en el que conviven, del contexto cultural e instrumental –tecnológico– en el que se comunican y relacionan.

Para ellos y ellas, el escenario mediado por la tecnología, el acceso permanente a la red es percibido no solo como un derecho, sino como un entorno natural de acción; su sitio, su contexto, su lugar. En este horizonte, el proceso de desarrollo humano del joven, concebido como todos en tanto que procesos de subjetivación, se ve permeado por lo tecnológico. Un contexto tecnocultural, tecnosocial, en el que no hacen más que aparecer lugares, paisajes, ambientes, sitios, y en los que la juventud invierte su tiempo, gasta sus momentos. Son espacios y tiempos dispersos, como consecuencia de las disposiciones que los jóvenes adoptan y de las prácticas que realizan.

Los avances en la comunicación y en el acceso a la información que ha traído consigo la revolución digital ha permitido a las nuevas generaciones entrar en una nueva dimensión que les sitúa en escenarios vitales casi desconocidos hasta hace bien poco. Son muchos los entornos que, a modo de ejemplo, escenifican tal realidad: la realidad aumentada, la inteligencia artificial, los entornos virtuales de formación, las redes sociales etc., que tienen un impacto en la vida juvenil tanto a un nivel simbólico como comunicacional, afectivo o relacional. Lo que convierte a la comunicación y a la emoción en uno de los elementos estratégicos de cualquier sujeto para entrar y perdurar en la vida del otro.

Y ligado a las formas y mecanismos de comunicación se encuentra ese consumo del que hablábamos al inicio, desde sus diferentes manifestaciones –smartphone, tablet, ordenador portátil, incluso televisión, etc.– que ocupa la mayor parte del tiempo entre las generaciones más jóvenes. Solo por recordar algunas cifras, entre los 13 y los 18 años, el consumo está a punto de alcanzar las 7 horas diarias de media, lo que se traduce en muchos días al año o, lo que es lo mismo, hablando en términos de proporción diaria, los menores se encuentran conectados un tercio de su día, lo que muestra –contando con que el otro tercio estarán cubriendo necesidades básicas para su desarrollo– que el tiempo de consumo tecnológico y pantalla en su desarrollo personal, en los procesos de construcción identitaria, es mucho.

La juventud vive esta época de su vida como momentos francamente emocionales, únicos, relevantes y especiales, donde el entusiasmo, el apasionamiento, la actividad y permanente acción para conocer gentes, explorar sitios y experimentar emociones es permanente. Más aún, no solo se queda ahí, sino que se sitúa en una posición de futuro, de pensar qué quiere ser, cómo puede acceder a ello y qué mecanismos debe seguir para lograrlo. Los jóvenes presentan, de manera casi permanente, disposición para explorar asuntos novedosos, para colaborar entre ellos, para relacionarse, para jugar de manera cooperativa, etc.; valores muchos de ellos que distan de poner la adolescencia y la juventud como un problema, y se acercan a lo que son más bien oportunidades.

La juventud es una etapa vital de acción y pensamiento permanente, de procesos de construcción y reconstrucción identitaria fluidos y creativos de interés, más allá de falsas creencias, mitos infundados, preocupaciones preconcebidas que alejan a las familias de la realidad.

No podemos pensar que los procesos de construcción y reconstrucción identitaria de la juventud son, de por sí, un problema. Dicho en términos poco ortodoxos, no debemos ponernos la venda antes que la herida haya hecho acto de presencia. Si solo enfocamos este proceso como un problema cargado de riesgos, sesgamos la realidad y la afrontamos, a nivel educativo, de manera errónea, cerrando puertas a la comunicación fluida y, lo más importante, coartando en este proceso de desarrollo personal los elementos fundamentales que sostienen y sirven de argumento a tal proceso: la autonomía y la responsabilidad. Porque lo que realmente busca la juventud en este proceso de desarrollo personal es acompañamiento, mediación, comunicación desde un mismo lenguaje, en lo que es un proceso adaptativo.

En definitiva, analizar el proceso de desarrollo identitario de la juventud es observar de cerca un proceso de adaptación del joven a un contexto ya no tan nuevo, pero sí distinto al tradicional, porque presenta una nueva naturaleza del espacio de convivencia y acción adherido a las redes sociales y a las comunidades virtuales de acción y relación que se representan desde una mediación tecnológica, tanto material como inmaterial.

La juventud, poco a poco, va haciéndose y siendo en la red, frente a la pantalla, acumulando episodios, acciones, prácticas sociales que conforman su biografía y configuran su identidad. Prácticas que van definiendo a la persona y no son tan fugaces ni efímeras, ni dependen tan solo de apagar una pantalla que, por otro lado, ya nunca se apaga, y si se pone en modo suspensión resulta ser un espejo, tal y como indican algunos autores (Stepahansen & Treré, 2020; Vlieghe, 2022) cuando hablan de ello.

Pantallas que muestran un escenario inestable, líquido, contingente, donde los y las jóvenes navegan, se deslizan de una página a otra; un entorno poroso, pues atraviesan lugares –páginas web, aplicaciones, ventanas, etc.– que les permiten moverse en espacios de privacidad participada, de intimidad en muchos casos, compartiendo a su vez sus propios escenarios, exhibiéndolos.

Esta dinámica de observación, autoexpresión y autoexposición, define las relaciones con los otros, y también los procesos de identificación personal y grupal, plural y social, en ocasiones fragmentadas, que conllevan y que han sido definidos por algunos autores como un mundo *onlife* (Floridi, 2015).

En este capítulo vamos a trazar las roderas por las que se vehicula el desarrollo humano del joven, centrándonos en el *concepto de identidad y de las prácticas identitarias*, en los procesos de construcción y reconstrucción del joven en unos tiempos hipermediados e hiperconectados, que nos sirven de antesala a los que son los riesgos y las oportunidades tanto en el ámbito familiar como escolar, y de argumento para trazar las implicaciones educativas que en el último capítulo del libro expondremos.

Buscamos en este segundo capítulo mostrar los procesos y mecanismos tradicionales a través de los cuales cobra sentido el concepto de identidad, como paso previo para analizar los procesos básicos de formación y de reconstrucción de la identidad juvenil en los tiempos de la hiperconectividad, comenzando por aclarar de qué juventud hablamos y a qué generación nos estamos refiriendo.

¿De qué generación hablamos y con qué generaciones convive en su proceso de humanización?

Vivimos un tiempo, aunque siempre lo hemos vivido, pero quizá en esta ocasión de manera más clara, en el que conviven diferentes generaciones con características muy marcadas y fácilmente distinguibles. Generación en el sentido de grupo de personas que vivió en una época semejante y con edades equivalentes. Todas ellas tienen sus propias particularidades, y desde todas ellas se puede analizar una forma ideosincrásica de conectar con las pantallas; formas de pensar que terminan derivando en maneras de construir mentes, modelos de comportamiento, generar enfoques en el pensamiento.

Cada una apareció en su momento histórico y entre todas ellas y se crean sinergias y ecotonos potencialmente analizables desde un punto de vista educativo.

Lo más significativo de las generaciones es que desde la llegada del siglo XX, algunos autores (Gardner y Davis, 2014; Jurkoski, 2019) nos hablan de unas seis o siete generaciones que han ido apareciendo y conviviendo. Cada una de ellas con una vida aproximada de solo veinte o veinticinco años aproximadamente. Cada generación se conecta con un momento histórico vivido, bien a nivel político, bien económico, donde lo uno o lo otro, han troquelado formas de actuación y de pensamiento a escala mundial. Lo más importante para nosotros es que cada una de estas generaciones usa la tecnología de manera diferente, o su acceso ha ido cambiando de generación en generación. Su finalidad de uso ha ido avanzando, lo que se traduce en el hecho de que para estudiar la identidad de cada una de esas generaciones cabe la posibilidad de hacerlo en base a su conexión con la tecnología, a su relación con la pantalla.

Por nombrarlas, podemos hablar, en la primera mitad del siglo XX de: generación *interbellum* (1999-1914): personas que lucharon en la primera guerra mundial, jóvenes que al terminar la guerra vivieron los denominadas años vente felices. *Generación grandiosa* (1915-1925). Una generación que supo ganarse todo desde el esfuerzo y el compromiso, y que les tocó vivir la primera guerra mundial en la niñez, y la segunda guerra mundial ya en su juventud. *Generación silenciosa* (1926-1945). Una juventud y una generación que vivió la depresión económica de EE.UU., lo que obligó a consolidar formas de trabajo en grupo, pues la austeridad era la piedra de toque. En esta época ya hablamos del cine y de la radio como referentes claros de las primeras tecnologías que se pusieron al alcance de la ciudadanía. Más aún, esta generación vivió la eclosión de la televisión, asunto y fenómeno que significó una gran revolución en la sociedad. Era la aparición de la pantalla en la vida de las personas. Los mayores de esta generación siguen viendo la televisión y ya están a su vez metidos en las nuevas tecnologías.

Ya en la segunda mitad del siglo XX, aparece la generación *Baby Boomers* (1946-1964). Generación que vino de la mano de un notorio crecimiento en la natalidad. Una generación que empieza a construirse desde un crecido consumismo y muy ligada a la denominada generación del yo. El individualismo comienza a hacer acto de presencia. Ellos crecieron con la televisión, aunque ya de adultos usan sus redes sociales, principalmente Facebook o X.

A continuación, nos encontramos con la *Generación X* (1965-1979), hijos de los Baby Boomers. En su juventud llegan los CD, los walkmans; fueron testigos de la aparición de Internet, volviéndose digitales en su juventud, lo que actualmente les convierte en usuarios con cierta habilidad y practicidad en el uso de las redes sociales. Es la primera generación que usa la pantalla en su puesto de trabajo. Y cerrando el siglo están los *Milenial o Generación Y* (1980-1999). Llegaron a usar el teléfono fijo, pero a su vez han usado muchos tipos de teléfonos móviles e incluso inteligentes; han usado los CD y los USB para almacenar documentos y, a su vez, también se han adentrado en la nube. Ellos, ya, sí han nacido y se han desarrollado con un dispositivo digital como extensión de su mano. Actualmente se caracterizan por el uso masivo de teléfonos inteligentes y de redes sociales.

Las generaciones nacidas ya en el siglo XXI son las que realmente nos interesan y son las protagonistas de este libro: la *Generación Z o llamada Centenial,* y la *Generación T*, como generación táctil, la primera desde el año 2000 al 2010, y la segunda desde el año 2010. La Generación Z, también conocida como generación *postmilenial, coincide con el fin de la burbuja económica.* La mayoría ya usó Internet desde sus inicios y se sienten como en casa cuando frecuentan las redes sociales y las pantallas en general. Se trata de una generación impaciente; los jóvenes están acostumbrados a la inmediatez; para ellos Internet siempre estuvo en sus vidas y es un hecho que –valga la redundancia– lo dan por hecho, y lo interpretan como la principal herramienta de desarrollo mundial de la que el ser humano dispone. Su capacidad de relación y de comunicación va ligada a las redes sociales. Es la primera generación que se ha criado en Internet y que sus procesos de socialización van ligados a las redes sociales.

La idea principal es la necesidad de educar a esa generación en el uso de la tecnología; sus procesos de humanización van ligados a los entornos virtuales de acción y convivencia y la digitalización de esas personas debe ir mucho más allá del uso bueno o no, correcto o no, de la tecnología, pues no solo se trata de una herramienta didáctica, sino de un espacio-tempo social en el que viven y convive esta generación.

Y desde 2010 nos encontramos con la *Generación T, Generación touch* que coincide con la aparición de la pantalla táctil. Es la generación que nació en el momento de la extensión masiva de las tecnologías a todos los ámbitos de la vida. Una generación que ve el mundo a través de las pantallas o, lo que es lo mismo, lleva el mundo en el bolsillo. La principal particularidad de esta generación es que tuvieron acceso a la pantalla desde sus primeros meses de vida, desde su nacimiento, por lo que las pantallas les son naturales, lo que ha significado poderles catalogar como nativos digitales. Para ellos usar una pantalla es algo fácil, natural, cotidiano. La tecnología, efectivamente, es una auténtica extensión de su cuerpo.

Es la generación en la que el ordenador pasa a un segundo plano, y el teléfono móvil o, a lo sumo, una tablet son los aparatos más elegidos, más manejables, más portátiles, extensión directa de su propio cuerpo. Es su herramienta por excelencia, por encima de juguetes, artefactos deportivos, etc. No tienen capacidad de espera, han perdido la motivación por todo aquello que cae fuera de la Red, y aspectos como la atención pasan a segundo plano, lo que se traduce en una generación poco tolerante cuando la inmediatez no es la protagonista de la acción. Más aún, su ligazón con la pantalla les dificulta diferenciar en su identidad lo público de lo privado; algo que tiene consecuencias directas en el plano de lo educativo.

En definitiva, las que hemos descrito son generaciones hijas de su tiempo, de un tiempo y un momento histórico determinado cuyo análisis nos obliga, por un lado, a medir nuestros impulsos cuando catalogamos a una u otra generación de una u otra manera, y a intentar generar acción educativa y círculos de comprensión de cada una de ellas desde las sinergias que se puedan trazar entre las distintas generaciones que conviven en un mismo tiempo histórico. Todas las generaciones actuales tienen un valor histórico y nos ayudan a entender a las generaciones jóvenes actuales. La importancia, en este caso, es la colaboración intergeneracional para emplear la tecnología y para vivir en el mundo digital porque, nos guste o no nos guste, ninguna de las generaciones, educativamente hablando, desde un concepto de identidad genuino, son nativos digitales.

¿Por qué? A propósito de la natividad digital

Hace ya bastantes años, 2001 concretamente, que Prensky (2001), acuñó el concepto de natividad digital al incidir en que los jóvenes habían padecido lo que él llamaba una discontinuidad respecto de sus predecesores, aportando una singularidad a las generaciones jóvenes, motivada y fundamentada por la extensión de la tecnología digital en sus vidas a partir de finales del siglo pasado. Su principal argumento era que la juventud piensa y procesa la información de modo significativamente distinto a sus predecesores. Afirma que han nacido con una lengua digital. Y, por el contrario, aquellos que se han tenido que ir adaptando al nuevo contexto digital reciben el nombre de inmigrantes digitales. Los unos no necesitan adaptación, los otros requieren de un proceso adaptativo-educativo a ese nuevo entorno y al ambiente que se genera desde el mismo, llegando a hablar de ruptura y de brecha digital entre unas y otras generaciones.

Pero ahí radica la pregunta, en los procesos de adaptación que son la base de una buena educación: ¿Realmente nacen adaptados al nuevo entorno digital? ¿Saben desenvolverse humana y socialmente en los espacios virtuales? Tal y como indicó el propio Prensky, ¿funcionan mejor y rinden más cuando trabajan en la red?

Son tres los argumentos que esgrime Prensky: unos de orden neurobiológico, pues está sobradamente demostrado la neurogénesis que se produce en la adolescencia como consecuencia no solo de la etapa vital sino de la intromisión de la tecnología; razones psico-sociales, en tanto que los patrones de pensamiento de cada individuo cambian en función de sus experiencias, y eso resulta igualmente obvio; y razones de tipo científico, que en su momento se basaban en resultados llevados a cabo desde estudios en torno a juegos digitales que optimizaban la motivación, la captación y el aprendizaje.

Estamos en un libro educativo, que lejos de refutar pruebas y argumentos, busca complementarlos con otros, que no siempre coinciden, principalmente porque los argumentos dados en su momento no tenían un carácter netamente educativo. Y no se trata de indicar los problemas atencionales que se están produciendo en la generación mal llamada nativa digital, que son muy concluyentes; no, pues estaríamos aportando argumentos de nuevo psicológicos, relativos a uno de los procesos psicológicos básicos. Estamos hablando básicamente de una incompetencia social y una dificultad seria de adaptación al entorno virtual de convivencia, información, comunicación y relación. No nacen adaptados; desde los primeros años tienen el mundo en el bolsillo, como ya hemos dicho anteriormente, y no controlan sus movimientos, sus relaciones, los ambientes, etc.

Y es que hoy sabemos sin dudarlo (Rowlans et al., 2008; Escofet, López y Álvarez, 2014) que de las muchas bondades que se decían en torno a esa natividad digital, algunas de ellas han ido cayendo por su propio peso. El cambio de imágenes por letras, de redes por entornos presenciales cara a cara. Libros en papel por series o podcast no ha venido acompañados ni por procesos de humanización adaptativos ni por procesos educativos, ni mucho menos por procesos de pensamiento crítico acompañados de fuertes dosis de responsabilidad y autonomía. Nada de nada de todo eso, pues son ellos mismos quienes lo indican, tal y como hemos ido comprobando en nuestras investigaciones (Muñoz Rodríguez et al., 2021) y como veremos en los capítulos siguientes. No tuvimos más que ver como los propios creadores de los dispositivos móviles alejaban a sus hijos de centros escolares con exceso de tecnología y los acercaban a entornos plagados de naturaleza y contacto físico. El propio Bill Gates prohibió a sus hijos el uso del teléfono móvil hasta la adolescencia.

En torno a las escuelas surgen asimismo interrogantes: ¿La capacidad de adaptación de los niños a estos entornos digitales de aprendizaje tiene una correlación positiva con su capacidad de aprendizaje? ¿El aprendizaje individualizado que permiten los espacios virtuales no está muy distante de lo que realmente es un aprendizaje personalizado, cercano a la sensibilidad, al afecto o la presencialidad?

Los mismos centros educativos empiezan a huir del apogeo y bonanza con la que le tecnología se empezó a incorporar en sus procesos de enseñanza y aprendizaje. Los plasmas que ocupan la mayor parte de las paredes de las aulas se empiezan a cambiar desde procesos de renaturalización integral que empiezan a disfrutar muchos centros educativos. Ha mejorado la didáctica, es obvio. Mejores presentaciones, novedosas herramientas de trabajo, vídeos y música al alcance de la mano como soporte de la enseñanza, pero el empeoramiento en los procesos atencionales, y el empobrecimiento en la comprensión lectora dicen más que los sonidos y las luces de las herramientas didácticas y la apariencia y disponibilidad de las pizarras digitales.

El testimonio de los docentes, como veremos más adelante, y los resultados de los diferentes informes internacionales (Espejo Villar, Lázaro Herrero & Álvarez-López, 2022. UNESCO, 2022) hablan claro: los llamados nativos digitales no solo atienden peor, sino que piensan menos.

Porque ahí está otro aspecto importante de esa no natividad digital: lo más relevante de un centro educativo es no solo su carácter público, sino también su composición poliédrica, la necesidad entre el profesorado y los estudiantes dentro del centro, la esencialidad del contacto, el vínculo como médula espinal del proceso relacional (Solé-Blanch, 2024), y la emocionalidad como fundamento de la tarea educativa.

Crear entornos virtuales de aprendizaje no es suficiente para hablar de aprendizaje, y menos de educación. No es solo dar o colgar temas y poner tareas, sino conversar, relacionarse, expresarse a través de formas de presencia y existencia bajo el paraguas del cuidado, de la diferencia, de la igualdad.

Los resultados de investigaciones anteriormente citadas demuestran el excesivo valor cognitivo que se le otorga a la tecnología en el aprendizaje. Nuestros estudios, además de otros muchos, ponen en cuestión el concepto de nativo digital, por carecer de sustento empírico y estar sobrevalorado, tal y como ya hemos indicado. Más aún, existe un estudio sistemático (Kirschner y De Bruyckere, 2017) respecto del concepto en donde se indica que los jóvenes no tienen dicha propiedad, principalmente por carecer del sentido crítico sobre de lo que buscan y cómo lo buscan. De igual modo, hay autores (Ophir, Nass y Wagner, 2009) que hablan de problemas que las multitareas tecnológicas conllevan tales como la pérdida a la hora de otorgar relevancia a las tareas o en la eficacia en la concatenación de actividades.

La falta de criterio en la juventud, el necesario espíritu crítico para trabajar con la información, la no personalización del aprendizaje, y la desregulación del espacio-tiempo vivido en la red por parte de los y las jóvenes, son la base que pone en duda la denominada natividad digital como fundamento del proceso de aprendizaje y del proceso educativo.

En definitiva, de "natividad digital" va quedando poco cuando hablamos de identidad digital. La juventud se encuentra enganchada a la pantalla, las familias dan por hecho que todo lo que ahí sucede está bien, los propios jóvenes son conscientes de que no van más allá de utilizar bien algunas aplicaciones digitales y juegos *online* y, entre tanto, todo ello se encuentra retirado de lo que es una identidad avalada desde el pensamiento complejo y crítico, la autonomía y la responsabilidad ante y entre la red.

Más aún, la literatura y los resultados de las investigaciones que hemos venido citando muestran suficientes datos que inducen a pensar en palpables incoherencias entre las afirmaciones que se formulan y las pruebas que las fundamentan. Podríamos incluso afirmar que, actualmente, no existen pruebas definitorias en torno a la natividad digital en relación al desarrollo personal y social de la juventud actual, que las afirmaciones que giran en torno a dicha propuesta se han consolidado sobre la base de meros alegatos y buenas intenciones divulgativas que de pruebas científicas. "Conclusión: todos los datos disponibles llevan a pensar que los nativos digitales son un mito de la cabeza a los pies, un mito útil para los ingenuos" (Desmurget, 2020, p. 42).

¿De qué identidad hablamos? La identidad *onlife*

Aposentados alrededor del tiempo, dentro de sus no tan ajetreadas vidas, en mitad de una cotidianeidad empantallada, la existencia de la juventud se desliza a una velocidad que apenas permite pararse a pensar sobre ella, más si la mayor parte de sus cotidianeidades se encuentran inmersas en la red. Las interconexiones entre la tecnología y las distintas esferas de la realidad juvenil hacen transparentes las fronteras entre su mundo *online* y el *offline*. Su identidad se construye bajo la figura de los ecotonos, esas zonas de intersección entre la vida analógica y la digital, que terminan difuminando sus fronteras y que hacen emerger lo que autores como Floridi (2015) han denominado vida en línea o lo que es lo mismo, una identidad *onlife*.

Una identidad que se muestra acelerada, y que se termina construyendo sobre la falta generalizada de tiempo, si bien, en la gente joven, aunque esa es su percepción, no es tan real. Podríamos hablar de que la vida en línea les hace perder el control del tiempo, les incapacita para gestionar su tiempo; es la condición social que lleva aparejada esa identidad *onlife*, consecuencia, s su vez, como nos indican algunos filósofos (Byung-Chul Han, 2022), de su incapacidad para terminar y concluir las cosas, rompiendo las fronteras temporales, desregulando sus tiempos, pero sin perder la variable temporal en sus vidas.

No existe, por tanto, como algunos colegas afirman, desdoblamiento de la identidad; ellos lo tienen claro, viven en la Red, su vida está ligada a la Red. Incluso estando en clase y sin el móvil en la mano, su memoria y horizonte, sus proyectos, su tiempo y su espacio están en línea. Quizá una realidad imprecisa, pero su realidad desde la que emerge una identidad flexible y polivalente, fruto de la postmodernidad en la que viven, capaces de hacer frente a las diferentes mutaciones que su identidad *onlife* les va a ir proponiendo.

Una vida en línea que los lleva a una permanente inconclusión, pero que se configura, como así ha sido a lo largo de la historia de la humanidad, desde una autonomía y responsabilidad, o al menos ese es el objetivo de cada joven.

La realidad vital de la juventud ha ido evolucionando a medida que ha evolucionado la tecnología; en sus inicios, en aquella web 1.0, hablábamos de espacios de información que, posteriormente se convirtieron en lugares de encuentro, de comunicación y relación. Hoy en día, le tecnología ha evolucionado hasta el punto de que conforma mentes y crea culturas, porque lo que ha provocado en la gente joven, y en la sociedad en general, ha sido la aparición de nuevas formas de ver la vida, de hacer y de pensar su realidad, pudiendo llegar a hablar de "re-ontologización" del mundo y de vidas cambiantes en un mundo *onlife*.

Y son también nuevas formas de materialidad. Más allá del discurso dominante de lo tecnológico adherido a justificar lo digital como un reino incorpóreo, carente de materia, pues lo material va ligado a lo tangible, la juventud está ante nuevas formas de ser cuerpo, de crear cosas, de hacerse individuos. En el mundo *onlife*, en la vida digital, los jóvenes son conscientes y así lo indican que también hay cosas, hay materialidad. Es decir, lo digital, el mundo *onlife*, no solo les permite mejorar su vida ampliando las posibilidades de acción y de relación, trasladando el potencial de la tecnología al mundo de lo tangible, sino que, también, comporta cosas que por sí solas demandan a la juventud acción, pensamiento, relación e incluso sentimiento.

Con ello estamos queriendo decir algo muy sencillo, pero de enorme repercusión para el desarrollo identitario de un joven: *la tecnología se ha hecho constitutiva de su proceso de humanización.* Lo que se traduce en términos identitarios en el hecho de que estudiar lo material en la digitalidad, las gramáticas de la tecnología, la materialidad de lo digital permite a los jóvenes comprender nuevas formas de lo que es ser humano, de lo que son procesos de humanización en el presente siglo. Dicho de otro modo, la materialidad de lo digital también les educa, les construye como personas, edifica sus identidades, su vida *onlife.* Y la educación debe preocuparse no tanto de tecnologizar lo educativo, que ya vamos bien resueltos en ese tema, sino de "pedagogizar" –permítannos la expresión– la tecnología (Muñoz Rodríguez y otros, 2023).

En consecuencia, hablar de la vida *onlife* de la juventud es hacerlo en términos de penetración de la tecnología en sus vidas, en sus pensamientos, en sus patrones de conducta. Es parte indeleble de su mundo de la vida. El mundo, su mundo, está en la palma de la mano. La pantalla les sirve para reorganizar la comprensión de su realidad como tal. Para ellos, lo que es real sufre un cambio, de ahí que su identidad ya no es dentro o fuera de la red, sino *onlife*, porque la realidad la experimentan de forma inmanente, porque el mundo se les muestra a través de la pantalla.

Las pantallas son omnipresentes en su vida, una vida que no tiene sentido al margen de la pantalla.

¿Hablamos de identidad o de prácticas identitarias?

La palabra identidad, y los procesos de construcción identitaria que se esconden detrás, son conceptos que suenan a manidos, si bien no hemos encontrado otro que sustituya ese proceso de construcción personal y social del joven. Es cierto que actualmente, sobre todo desde campos de conocimiento como la Antropología, se tiende más a hablar de procesos de identificación o, incluso, de sentidos de pertenencia. Más aún, si nos acercamos a la Pedagogía, tal y como indicamos al inicio de este capítulo, suele resultar más clarividente denominarlo prácticas de identificación.

Los procesos de construcción identitaria, leídos a partir de acciones individuales y sociales, no son ni mucho menos, como algunos autores piensan, procesos colectivos solo y exclusivamente. De hecho, la Red, aquel lugar que se considera social por excelencia, ha puesto de manifiesto auténticos procesos personales e individuales, consecuencia de que el yo contemporáneo es un yo fragmentado, múltiple, fluctuante y, sobre todo, inestable. Característica que lleva a la juventud a accionarse en la Red buscando una autocomprensión individual que le conduce, indefectiblemente, a un desarrollo y acción procesual y colectiva que derive en una identidad grupal, social.

Para la juventud, las prácticas identitarias son, en muchas ocasiones, acciones de refugio en momentos de desequilibrio o crisis tanto personal como social. Nos manifestamos, nos activamos cuando no existe seguridad en lo que hacemos, en donde nos movemos o con quien interactuamos. Dicho de otra manera, las prácticas identitarias son el resultado de proyecciones, no siempre críticas, de aquello que se demanda, busca o persigue en relación con lo que uno es o siente que es: "una afirmación indirecta de la inadecuación o el carácter inconcluso de lo que es" (Bauman, 1996, p. 19). Es por ello que, cuando se cifra su vida en la red, lo hacen en términos de conflicto de intereses y, en consecuencia, hablan de la educación como aquella herramienta que media en los procesos de construcción identitaria.

¿Cómo? Lo iremos viendo en las páginas siguientes, pero adelantar que es muy importante no cometer el error de confundir el medio, el escenario en el que conviven, el juego o la app, con el sentimiento de pertenencia a un grupo, con la identificación con una comunidad, real o imaginada. Porque lo que realmente nos tiene que preocupar, cuando de procesos de identificación hablamos, son los términos de grupalidad sobre los que se asientan, los procesos de referencialidad del propio grupo. Porque el sentimiento de pertenencia a un grupo en la Red, de suponer procesos de alteridad claramente manifestados, resulta un proceso siempre positivo.

© narcea, s.a. de ediciones

Es lo que algunos autores denominan "comunalidad" (Brubaker & Cooper, 2005) en alusión a la práctica de identificación que alude a los vínculos relacionales que unen a los jóvenes entre sí. Se trata de defender el concepto de comunidad como categoría constructora de la identidad en un sentido profundamente íntimo que alude tanto a la condición de la juventud como seres relacionales y sociales, como a la de quienes operan detrás tanto en contextos *online* como fuera de la Red.

Unido al concepto de comunalidad se encuentra otra práctica identitaria muy sugerente a nivel educativo que es la de la "grupalidad", es decir, ese sentimiento de pertenencia compartido que se ha comenzado a estudiar y demostrar también cuando estamos en los entornos virtuales. La autorepresentación y la participación en grupos conectados en torno a un tema, una afición o una moda, implica un alto grado de interacción y de sentimiento, incluso afecto, compartido. Porque no lo olvidemos, los entornos digitales son auténticos espacios primarios de relación y socialización, de negociación identitaria, de prácticas colectivas de identificación entre la juventud.

La identidad siempre está sujeta a experiencias vitales de la juventud en relación con la multiplicidad de cambios que van aconteciendo en sus vidas en esa etapa vital; son las denominadas fracturas existenciales y la percepción que ellos mismos tienen de sí mismos y de su relación con los grupos a los que creen pertenecer; es decir, las prácticas identitarias están constantemente sujetas a contingencias externas, aunque también, inevitablemente, a reconstrucciones permanente en su imaginario en torno a su propia experiencia, en torno al yo. La identidad juvenil, por tanto, se fundamenta y parte de un reconocimiento personal, un auto reconocimiento que deriva en una percepción social, es decir, que a la vez se manifiesta desde dentro y desde fuera de su persona. Por eso podemos afirmar que aquello que venimos llamando identidad es el efecto de las prácticas discursivas hacia dentro y hacia fuera que la juventud lleva a cabo de manera incesante en la red.

El mecanismo que llevan a cabo podemos identificarlo desde lo que se llama la narratividad. Pensamos, y así lo atestiguan nuestras investigaciones (Sánchez-Rojo, García del Dujo, Muñoz-Rodríguez & Dacosta, 2022) a través de los diferentes grupos de investigación realizados, que las experiencias personales son procesadas en términos de gramáticas particulares, que terminan siendo la manera en cómo nos construimos discursivamente a través de los entornos virtuales frecuentados y escogidos. Son aquellos lugares donde la juventud considera que debe estar para poder ser considerada socialmente. Lo que pasa es que esos escenarios virtuales son muy diversos, de ahí la aparente o no tan aparente fragmentación de la identidad juvenil y de sus prácticas identitarias.

Y es que la identidad, cuando es observada en la gente joven, acaba remitiendo tanto a la representación del yo como a la necesidad de hacer visibles cuestiones sociales. Porque, aunque nos parece inverosímil, las prácticas identitarias, leídas en clave educativa, son el resultado de la objetivación de la juventud social, de los grupos de jóvenes que socialmente se agrupan, sobre sí mismos. Los y las jóvenes se autocategorizan de manera diferente según los contextos en los que se encuentran y las contingencias a las que se enfrentan. Porque nuestro comportamiento como seres sociales y relacionales varía según el contexto, y de igual forma ocurre en los contextos virtuales de convivencia y acción.

Expresado en otros términos en forma de pregunta: ¿no son las circunstancias, entre otros aspectos, las que hacen variar nuestros sentidos de pertenencia a uno u otro lugar en la red? Aunque tendamos a percibirlas como esenciales, las manifestaciones de la identidad social son contingentes. Por ello, es lógico que los jóvenes manejen distintos lenguajes en las distintas redes sociales en las que habitan y muestren distintos perfiles en atención a distintas audiencias a las que se dirigen. Su identidad, como la nuestra, es tan adaptativa en los entornos materiales de interacción social (la escuela, el hogar, etc.) como en los virtuales. Es lo que se ha definido como agenda del usuario en diversos contextos culturales.

¿Cómo construyen esa identidad digital?
Procesos de (re)construcción personal y social

Los procesos de construcción y reconstrucción individuales o personales de la identidad del joven se llevan a cabo a través de unos mecanismos que, si bien no agotan el discurso que podríamos establecer aquí, si completan la radiografía de las prácticas identitarias que llevan a cabo a la hora de construir su yo, a la hora de buscar el anonimato, la visibilización del *self*, la privacidad, la reputación o la autenticidad, en términos de autoconcepto y de autopercepción.

La juventud encuentra en el espacio virtual mecanismos de identificación en un lenguaje fundamentalmente visual, de carácter inmediato y de efectos constantes. Esto es lo que entendemos como identidad hipermediada en la potencia performativa. Debemos dejar clara una cuestión que es prioritaria: una cosa es el perfil y otra la identidad que siempre estará oculta en la acción y en las prácticas identitarias que permiten que el joven se haga visible (Muñoz Rodríguez y otros, 2020).

A medida que han ido evolucionando las redes, y la identidad se ha vuelto *onlife* como hemos dicho, el anonimato ha decrecido; no tenemos más que ver redes de citas para gente joven. Se está evolucionando con redes sociales desde las identidades fingidas a las reales; más aún, desde una cultura del anonimato, de la privacidad extrema, a una cultura de la transparencia, donde el realismo y la honestidad, si se puede decir así, forman parte de la trama identitaria.

El principal elemento o mecanismo de identificación de la juventud a la hora de construir su identidad es la imagen, que podemos aglutinar bajo la denominación de transformación (Banderas, 2021). El uso de la imagen es fundamental entre la gente joven en las redes sociales; no obstante, ello no significa que usen un nuevo lenguaje, sino que adaptan, transforman, acomodan su imagen a las necesidades de comunicación de los usuarios con los que interactúan.

Por ejemplo, TikTok, Instagram, redes sociales muy usadas por la juventud, requieren de la imagen, la imagen en dichas redes es central, pero ello no es independiente del proceso comunicacional, entre otras cosas, porque esas imágenes requieren de *likes*, lo que nos remite nuevamente a la idea de conectividad. Lo fundamental en este caso es que la imagen sirve como elemento de elicitación. No hay más que comprobar que la imagen con la que mostramos nuestro yo en unas u otras redes sociales es vista como nuestro perfil, reflejo del mecanismo de identificación.

Usar una u otra imagen entre los jóvenes en una determinada red social es un aspecto que hemos de resaltar porque lo que buscan es, a través de ella, autorrepresentarse y gestionar su identidad de forma positiva. Toda imagen que usen en un determinado sitio implica mostrar un significado intra e interpersonal, tanto en cuanto es producto de una representación social entre los jóvenes, de quien muestra la imagen y quien la ve, a través de la misma. Es la juventud convertida en visualizadora y, en consecuencia, forman una trama apoyada en un razonamiento simbólico que existe detrás de esa imagen que muestran. Porque tras la imagen hay una estrategia, pues visualizan y representan quiénes son y aquello que el resto de jóvenes piensen que son.

También se usa el texto, no nos llevemos a engaño, porque el carácter textual de los procesos comunicacionales en los entornos virtuales aporta a la juventud seguridad; como indican los propios jóvenes, "*Las palabras no se las lleva el viento*". Y el hecho de poder registrar las conversaciones hace que existan mayores expectativas por parte de la juventud y un nivel de exigencia o de autoexigencia mayor a la hora de presentar coherencia o veracidad en lo que se está transmitiendo. El texto permite evolucionar como usuarios y eso, según indican, les hace más auténticos.

La cuestión es bien sencilla de entender: el o la joven, si no está en Internet, en las redes sociales, es consciente de que no existe. En este sentido es en el que aparece la cuestión de la *publicidad-privacidad-intimidad*. En función del tipo de red social, ambiente virtual o juego *online* en el que se sitúa, el joven gestiona su privacidad de una u otra manera, utiliza uno u otro perfil en defensa de su privacidad y, en último término, de su intimidad.

De igual forma, para la gente joven, es vital estar visible, situarse y ser en la red, saber de los demás y que los demás sepan de él. Ello tiene un significado que no puede pasarnos desapercibido y que de nuevo nos aporta un elemento de reflexión muy importante: la confirmación por parte los demás de su yo, a partir de lo que visibiliza, es más importante que el propio desarrollo interno de ese yo.

Otro elemento que sugiere formas y mecanismos de visibilizar el yo es el de la individualización a través del cual gestiona su visibilidad; una visualización emanada de prácticas tanto intencionales como no intencionales. Porque en la mayoría de los casos, la juventud no actúa por el mero hecho de actuar, sino que existe una intencionalidad de comunicar, de actuar, de ser y de relacionarse. La juventud lleva a cabo la individualización a través de fotos, imágenes, likes, comentarios, expresiones o signos de aprobación o negociación que les permite mostrarse con mayor o menor intencionalidad ante los demás. El mecanismo de individualización es una selección de prácticas identitarias siempre desde un planteamiento teleológico claro y visible.

Ahora bien, no todo es intencionalidad controlada, acciones o prácticas con una idea clara de lo que se persigue; en absoluto. En los mecanismos de construcción personal existen, también otras prácticas fruto de acciones compulsivas e incontroladas frente a la pantalla. Y es que no es lo mismo construir una identidad personal que quedar atrapado en la Red, tal y como indican los propios jóvenes en los grupos de investigación llevados a cabo. Ellos mismos reconocen que muchos días quedan atrapados y no se despegan hasta que no llega la hora de ir al instituto. El espacio virtual, las redes sociales les incitan, le llevan a actuar de una determinada manera que puede derivar en una acción cuasi programada; mirar, jugar, estar, ser, observar ante la pantalla sin gobernabilidad alguna. Se trata de un juego de roles que forma parte de la identidad personal que van forjando; forma parte de su desarrollo identitario para llegar a ser personas en la Red, sin ser en todas las ocasiones fruto de acciones intencionadas.

Los procesos de humanización que encontramos en su "yo *online*" no siempre son procesos de pertenencia a un mundo natural de relación y comunicación, sino que son procesos de dependencia.

Los argumentos que predican las empresas y no empresas que hablan en favor de la tecnología va en la línea de facilitar la vida a la gente joven, pero hemos de ser conscientes de que, en estos procesos de construcción del yo, en ocasiones, también la dañan y complican. Dicho de otra forma, la tecnología, en este proceso individual de desarrollo, ha generado procesos de emancipación de y en la juventud, pero, al mismo tiempo, ha producido mecanismos de dependencia. Internet les envuelve, creando, en más ocasiones de las deseadas, una especie de crisis identitaria, no siempre consciente, que a su vez deriva en una inseguridad ontológica.

La identidad personal se va tejiendo y construyendo en una vida más contingente, frágil e incierta. Son procesos de individualización muy orquestados desde fuera, en donde el yo juvenil queda atrapado, a veces sin opción de tomar decisiones y sin autonomía en sus prácticas identitarias.

Son procesos de creación del "yo *online*" que podemos denominar reticulares. ¿Por qué? Porque entre otros elementos, tienden a duplicar las relaciones desde los escenarios escogidos, bien sean redes sociales, juegos *online*, etc., construyendo mecanismos de identificación menos rígidos y más dinámicos.

Pensamos, y así los atestiguan los jóvenes cuando nos han ido hablando de ello, que cuando entran en la red aceptan ampliar sus relaciones, pues, además, asumen generalmente un grado de implicación menor que *offline*, pues no comporta las exigencias que en ocasiones muestra la presencia corporal ni la simultaneidad temporal. Es el proceso llamado por Gaytán (2014) de "individualismo reticular".

La construcción del yo *online* viene a ser, por tanto, el resultado de procesos de autorregulación u autorrealización plurales y fluidos en los que, al igual que nos ocurre cuando hablamos de la vida presencial, se fundamentan o apoyan en permanentes ajustes y procesos de adaptación, según sea la naturaleza espaciotemporal en la que se sitúan, según sean las circunstancias que rodean la Red o el lugar en el que están.

Los jóvenes buscan, a través de rutinas y procesos de estabilización, el desarrollo de procesos más complejos como necesidades de privacidad, de propiedad, nuevas metas, experiencias e ilusiones distintas a las vivenciadas en los entornos presenciales, o incluso como continuación de los mismos. Es el despliegue del derecho que tienen, o dicen tener, a la singularidad, a ser particular a través de la pantalla, sin ser conscientes de que en muchos de los casos lo más que hacen es desplegar, obedientemente, procesos de autorrealización al ritmo y pauta que marcan las normas de la colectividad. Adquieren autonomía, reflexividad, realización, pero pautada y a tiempo que, en más ocasiones de las que se piensan ellos mismos, marca procesos y requerimientos colectivos.

Los procesos de construcción de la juventud en la red no solo son procesos intrapersonales, sino que, también, son producto y resultado de fenómenos y mecanismos que se producen entre los diferentes jóvenes, y entre ellos y la sociedad. Porque de lo que no cabe duda es de que las redes son sociales, no son tecnología por sí mismas, sino espacios creados para la creación de comunidades, representados principalmente por las redes sociales, los juegos *online* y las plataformas colaborativas. Y es que todas esas interfaces o espacios virtuales de relación y comunicación permiten a la gente joven relacionarse, comunicarse, quererse, amigarse, o simplemente compartir información.

Las redes sociales, los juegos *online*, las plataformas colaborativas y comerciales de las que participan permiten a la juventud relacionarse, comunicarse, etc. La cuestión es que la tecnología que hay detrás de esas plataformas, o la pantalla que hay delante y en la que se miran y desde la que se emboban, ha provocado una extensión de los lugares y sitios de convivencia y, en consecuencia, de los mecanismos que llevan a cabo para el desarrollo de su persona, de su personalidad social, lo que se traduce en formas distintas de relacionarse, buscarse, comunicarse, a través de acuerdo de poder, de subordinaciones y de tramas sociales aprobadas entre ellos. Elementos que muestran distintos caracteres en función del ambiente o del lugar en el que suceden; porque cada entorno favorece unos tópicos u otros para la interacción, ya que el interés en el uso que cada joven manifiesta, o incluso el tiempo de conexión que habilita, determinan algunos de los procesos de construcción de la identidad social.

Antes hablábamos de la imagen; ahora corresponde hablar del perfil en su conjunto, porque los jóvenes disponen de un perfil que les corporeiza para que los otros interactúen con ellos, es decir, a través de su perfil social ponen en marcha mecanismos de expresión social. Dicho de otro modo, la propia foto hace las veces de la persona. El perfil muestra y quiere demostrar capacidades, aspectos físicos, el humor incluso, o la sociabilidad, entre otras posibilidades, aceptando, por parte de todos, un cierto margen de discordancia entre la realidad y la imagen que muestran. Los perfiles, por tanto, son una urdimbre de signos sociales, de expresión del ego en busca del alter ego.

El perfil social mostrado solo tiene un objetivo: mostrarse a los demás, enviar un mensaje para que los otros estén pendientes, le hagan caso, contacten con él. Con una u otra foto, bien de un ídolo al que siguen, bien de su familia, bien de ellos mismos, buscan ir armando una determinada realidad social, tanto de cómo son, como de cómo les gusta que los vean. El perfil social permite dar el paso de una realidad individual a una realidad colectiva, social, interactiva. Estar ante la pantalla frente a otros se traduce en formas de identificarse colectivamente, en el seno de un grupo; mecanismos para salir del yo y posicionarse en el otro y en los otros.

Los escenarios tecnológicos, a nivel social, conllevan la ampliación de los criterios de demarcación social, de situación social, de territorialización colectiva. Ya no solo somos de una familia o de otra, de un grupo de amigos o de otro, la tecnología permite en estos procesos sociales de desarrollo de la persona mostrarnos y darnos a diferentes colectivos a la vez, identificarnos con muchos ámbitos de la vida de forma análoga. Permite, digámoslo así, más ejes de diferenciación que, a su vez, facultan al joven para mostrar una mayor heterogeneidad de rasgos distintivos en sus mecanismos de relación y socialización, de afecto y emoción social. Porque lo que cuenta para el joven es la comunicación que existe detrás de todos esos procesos; es decir, lo que la gente joven tiene en cuenta es el flujo de comunicaciones, la interacción comunicacional que se produce y no tanto el contenido. Otra cosa bien distinta es la verosimilitud de la misma, porque lo interesante es la validación del otro en tanto en cuanto diga cosas que interesa oír.

Es la gestión de las impresiones que la juventud quiere captar entre sí. Una gestión que no siempre conlleva procesos acertados, sino que, en ocasiones, son errados. Es decir, la pantalla y la tecnología que está detrás generan nuevas formas de relación, de socialización, de procesos primarios de desarrollo, lo que puede derivar en suplantación de los mecanismos genuinos de estos procesos, permitiendo emerger vanas ficciones de socialización e interacción entre jóvenes cuya naturaleza está más aislada que nunca. Más aún, existe el riesgo de saturación social del yo por la amplitud de relaciones que permiten las tecnologías, de manera directa o indirecta, ampliando el círculo de relaciones, y poniendo de relieve una multiplicidad de lenguajes del yo incoherentes y desconectados entre sí.

Recuperando y abriendo perspectivas a los efectos y riesgos

Hemos visto que la Red es tan importante en la vida de la juventud que la han hecho suya, siendo conscientes de que, para que realmente sirva de entorno, de espacio y de ambiente en los procesos de construcción de su identidad, tiene que estar revestida de los gustos, aficiones, gentes, afectos, etc., que ellos demandan. Y en este sentido la pantalla responde a la perfección a sus intereses vitales. Un entorno diferente que ofrece grandes posibilidades para relacionarse, amigarse, comunicarse, jugar, comprar, divertirse o quererse; un entorno confiable y vitalmente necesario para ellos. De esta forma, los dispositivos al uso, las pantallas, son sus grandes aliados para acceder a un mundo abierto, pues les permiten hacer infinidad de acciones y prácticas, con inmediatez, que sirven de fundamento a su desarrollo personal.

Un proceso al que se acercan numerosos expertos de diferentes ámbitos científicos –pediatras, neurólogos, sociólogos, psicólogos, pedagogos, etc.– para lanzar su lista de bondades o maldades, efectos positivos o nocivos, que las pantallas ponen de manifiesto en el desarrollo de los jóvenes. Consecuencias de tipo corporal, somático, emocional, incluso cognitivo, con efectos en el aprendizaje, en sus relaciones y en su persona.

Ahora bien, no podemos olvidarlo, y en algún momento hay que decirlo, la base del problema, o de la situación, no es tanto educativa, porque interés educativo detrás de esta tecnología hay poco; es más bien económica, porque permanentemente atiende a sus necesidades y sesga la información, hasta el punto que pensamos que los defensores de la tecnología son personas que se encuentran sujetas a dichos intereses económicos, apoyados en argumentos más bien líquidos y francamente cuestionables. A ellos nos dedicamos en el siguiente capítulo.

3. Las pantallas en la vida social

Pues que yo creo que las tecnologías no se deberían de quitar, porque aparte de que puedes aprender algo siempre, con cualquier cosa, te proporcionan algo de seguridad entonces yo qué sé…

Lo mismo va a ser más seguro tener tecnologías antes de los dieciocho porque es a los que más nos suelen pasar cosas que a los dieciocho, porque yo creo que cuando eres menor de edad te puedes defender bastante menos que cuando ya eres mayor, porque tienes más mentalidad.

(Estudiante, 12 años).

El desafío tecnológico actual

El uso masivo de las pantallas conectadas a internet en la vida cotidiana es un tema de discusión y análisis en la sociedad actual. Existe una preocupación generalizada sobre cómo el avance rápido de estas tecnologías podría estar cambiando nuestras vidas de forma que aún no comprendemos completamente (Abirami, 2021). Es como si, de repente, hubiéramos tomado conciencia de que nuestra propia acción colectiva, nos conduce a algo desconocido, de manera similar a lo ocurrido en otros momentos clave de la historia, cuando mediante el desarrollo de la imprenta o de la navegación, se pudieron difundir e intercambiar culturas y civilizaciones hasta entonces desconocidas. En aquel momento, esos cambios no solo ampliaron los horizontes geográficos y cognitivos de la sociedad, sino que también desencadenaron reflexiones profundas sobre la naturaleza y el futuro de la civilización humana.

Las pantallas de ordenadores, televisores, tabletas y teléfonos inteligentes han redefinido fundamentalmente la manera en que nos comunicamos, buscamos información y entendemos el entorno. Esta transformación va más allá de los cambios superficiales en nuestros hábitos cotidianos: altera el núcleo de nuestras vidas, las estructuras de nuestras comunidades, la dinámica de nuestras interacciones sociales y los valores que sustentan nuestras sociedades. En este contexto, la preocupación por los efectos adversos de estas tecnologías emerge con fuerza, alimentada por la incertidumbre sobre las consecuencias a largo plazo de una integración tan rápida y profunda de dispositivos digitales en nuestra existencia.

Ante estos desafíos resulta fundamental reconocer las oportunidades sin precedentes que la era digital nos ofrece. La conectividad global ha democratizado el acceso a la información, desmantelando barreras geográficas y socioeconómicas que una vez limitaron el conocimiento y el aprendizaje (Gutiérrez, 2022). La comunicación instantánea a través de vastas distancias ha potenciado las relaciones personales y profesionales, permitiéndonos mantener vínculos y colaborar en proyectos comunes con una facilidad nunca antes imaginable. Además, la educación se ha transformado a través de recursos *online* y plataformas educativas que ofrecen nuevas formas de aprendizaje, adaptadas a los ritmos y estilos individuales, fomentando la creatividad y la innovación.

En este escenario, las tecnologías basadas en dispositivos conectados a internet actúan como un espejo de nuestras ambiciones colectivas y preocupaciones individuales, reflejando, y al mismo tiempo moldeando, la sociedad. A medida que avanzamos por este paisaje cambiante, es preciso adoptar una perspectiva equilibrada que reconozca tanto los desafíos como las oportunidades presentadas por la era digital. Solo así podremos aprovechar plenamente el potencial de estas tecnologías para enriquecer la experiencia humana, al tiempo que abordamos de manera crítica y consciente las complejidades inherentes a su integración en la vida cotidiana. En este proceso, el diálogo interdisciplinario y la colaboración entre tecnólogos, educadores, sociólogos y ciudadanía son fundamentales para garantizar que sirvan al bienestar.

Entender cómo las pantallas están cambiando nuestra cultura es clave para poder afrontar este nuevo mundo de manera efectiva. Al hacerlo, podemos prepararnos mejor para los cambios que vienen, aprovechando las oportunidades y enfrentando los desafíos. Este balance nos ayudará a asegurar que el impacto de las pantallas en nuestra vida sea positivo, permitiéndonos construir un futuro en el que la tecnología nos enriquezca la vida, a la vez que mantenemos control sobre sus riesgos.

Usos virtuosos de la tecnología

Si tú le envías esa foto a alguien que no estás segura de lo que pueda hacer con esa foto, pues claro… no lo tienes que hacer. Si lo haces es que no sabes usar las tecnologías.

(Estudiante, 16 años).

En el *ámbito laboral*, la revolución digital ha facilitado el trabajo a distancia, permitiendo a los equipos colaborar a pesar de estar dispersos geográficamente. La colaboración en línea ha mejorado la coordinación, mientras que la automatización de tareas ha perfeccionado la eficiencia y la productividad, optimizando numerosos procesos laborales. La automatización de procesos ha liberado fuerza de trabajo, que una vez cualificada, puede dedicarse a tareas más creativas y estratégicas. Este cambio no solo ha mejorado las condiciones de trabajo, sino que también ha abierto la puerta a innovaciones y mejoras en la calidad de los productos y servicios ofrecidos.

La familiaridad con herramientas digitales, la programación y la capacidad para resolver problemas técnicos son competencias cada vez más valoradas en el mercado laboral, preparando a los trabajadores para enfrentar los desafíos de un entorno en constante evolución. Las plataformas en línea han proporcionado a las iniciativas de emprendimiento herramientas para lanzar, promocionar y distribuir sus productos o servicios a un público global. Esto ha rebajado considerablemente los costos de entrada al mercado, democratizando el acceso a oportunidades de negocio y fomentando una cultura de innovación y competencia empresarial.

El acceso a una cantidad masiva de datos e información constituye otro de los beneficios clave de la tecnología actual. Este acceso ilimitado *facilita la investigación y el aprendizaje continuo*, permitiendo a estudiantes, profesionales y curiosos tomar decisiones informadas y profundizar en su comprensión de los más diversos temas.

El aprendizaje y la educación se han visto beneficiados por la tecnología, que ha eliminado las barreras físicas y socioeconómicas que tradicionalmente restringían el acceso a una educación de calidad, convirtiendo al conocimiento en un recurso ampliamente disponible más que en un bien escaso. Además, el aprendizaje interactivo se ha revalorizado, con juegos educativos y aplicaciones que ofrecen a los niños y jóvenes una forma entretenida y atractiva de desarrollar habilidades cognitivas y de resolución de problemas. Estas metodologías lúdicas no solo hacen el aprendizaje más agradable, sino que también fomentan la participación y el interés por explorar nuevos conocimientos.

La *comunicación y las relaciones* interpersonales se han potenciado con herramientas como las redes sociales, el correo electrónico y la mensajería instantánea, que permiten mantener conexiones con seres queridos, amigos y colegas, salvando las distancias geográficas y haciendo que la comunicación sea más accesible y fluida. Han surgido así nuevas formas de relación interpersonal independientes de los límites tradicionales del tiempo y el espacio.

La tecnología interactiva ha demostrado potencial para mejorar la interacción social y reducir la soledad. Según estudios las redes sociales y aplicaciones de mensajería empoderan a la población para mantener contacto continuo con su red de apoyo, promoviendo así el contacto humano, el apoyo emocional y la colaboración.

Uno de los ámbitos de más incidencia tecnológica es *el ocio, el entretenimiento y la expresión creativa.* Desde películas y programas de televisión hasta videojuegos y aplicaciones de música, estas tecnologías proveen medios para que las personas encuentren momentos de diversión y descanso. Este aspecto del entretenimiento digital enriquece la vida social al proporcionar experiencias compartidas, tanto en entornos virtuales como en la vida real. La proliferación de las plataformas de contenidos en directo (conocido como *streaming*) ha cambiado la manera de ese entretenimiento, especialmente en las generaciones más jóvenes, introduciendo experiencias más variadas y personalizadas que se ajustan a sus gustos y preferencias. Las aplicaciones de generación de contenidos fomentan la creatividad multimedia, como videos, música y arte digital, facilitando que artistas y creadores de todo el mundo compartan sus obras con audiencias globales.

Yo es que creo que tienes que tener un poco de sentido común yo creo; con sentido común no te enfrentas tampoco a ningún peligro...
(Estudiante, 16 años)

Por último, las herramientas tecnológicas suponen una oportunidad para *la participación y el activismo social.* La capacidad para compartir información rápidamente, para organizar movimientos y para generar conciencia sobre diversas causas ha impactado significativamente en la participación ciudadana. A pesar de las preocupaciones sobre el uso excesivo de pantallas, su utilización ha demostrado utilidad para hacer frente a desafíos sin precedentes, como fue el caso de la pandemia COVID-19 (Nguyen, 2020), permitiendo a las personas mantenerse conectadas, informadas y emocionalmente apoyadas en momentos críticos.

Algunos riesgos para las personas

El *estilo de vida sedentario*, creciente en nuestras sociedades, se ve potenciado por el tiempo excesivo frente a las pantallas, lo que se ha convertido en un marcado factor de riesgo para diversas afecciones de salud. La inactividad prolongada, característica de largas horas de uso de dispositivos electrónicos, disminuye el gasto calórico, conduciendo a un balance energético positivo que, a largo plazo, puede resultar en un aumento de peso y en el desarrollo de enfermedades asociadas, como la diabetes tipo 2 y las afecciones cardiovasculares. Además, el uso de dispositivos con pantalla durante períodos extensos puede provocar problemas posturales, articulares y musculares.

Los *problemas de visión* también son una preocupación creciente relacionada con el uso prolongado de pantallas. La fatiga visual digital o síndrome de visión de computadora se manifiesta con síntomas como dificultad para enfocar, ojos rojos, secos o irritados, y dolores de cabeza, deteriorando significativamente la calidad de vida de quienes sufren esta condición. La exposición continua a las pantallas puede, además, incrementar el riesgo de desarrollar miopía debido a la tensión ejercida en los músculos oculares por enfocar durante largos periodos en objetos cercanos. La reducción de la frecuencia de parpadeo, otro efecto del uso excesivo de pantallas contribuye a la sequedad ocular.

La *calidad del sueño* puede verse igualmente afectada por la exposición a la luz azul de las pantallas, especialmente antes de acostarse. Esta luz incide negativamente en la producción de melatonina, alterando los ritmos circadianos y dificultando el inicio y la calidad del sueño. Los trastornos del sueño derivados de esta exposición pueden tener consecuencias significativas en el bienestar general y la salud a largo plazo.

La interacción constante con dispositivos electrónicos puede influir en *aspectos cruciales del desarrollo cognitivo en niños y adolescentes*. La exposición prolongada y sin restricciones a las pantallas puede afectar la atención, la memoria y otras habilidades cognitivas esenciales, posiblemente impactando en el rendimiento académico y en la capacidad de interacción social. Además, el tiempo dedicado frente a las pantallas a menudo reemplaza actividades fundamentales para el desarrollo cognitivo y físico, como el juego al aire libre, la lectura y la interacción directa con pares y adultos.

Una de las principales preocupaciones es el *impacto en la salud*. El tiempo prolongado frente a las pantallas puede producir estrés, ansiedad y fatiga mental. La sobrecarga de información y la necesidad de estar permanentemente conectados genera una sensación de agobio y desgaste psicológico. Esta situación se ve agravada por la dificultad para desconectarse y tomar descansos necesarios, lo que puede conducir a un estado de fatiga crónica y disminución del bienestar emocional.

La *dependencia excesiva de los dispositivos electrónicos* es otro efecto adverso relevante, que puede desembocar en problemas de *adicción*. La adicción a las pantallas se está convirtiendo en una preocupación creciente dentro de la comunidad de salud mental, ya que muchos individuos encuentran dificultades para establecer un uso moderado y saludable de sus dispositivos. Esta dependencia no solo afecta la capacidad para gestionar el tiempo de manera efectiva, también puede tener implicaciones negativas en las relaciones personales y en el rendimiento académico o laboral. La multitarea digital frecuente y la constante distracción por notificaciones y mensajes pueden mermar la habilidad para enfocarse en tareas específicas, impactando la productividad y el aprendizaje.

> *Lo que pasa es que en Instagram acabas un vídeo y justo empieza otro, entonces es una putada (risas)…*
>
> (Estudiante, 15 años)

La exposición constante a las redes sociales y otras plataformas digitales genera problemas de *presión social*, comparación constante y competencia, contribuyendo a la aparición o agravamiento de problemas de salud mental (Wacks y Weinstein, 2021). Estos ambientes pueden distorsionar la percepción de la realidad, generando expectativas irreales sobre la vida y la autoimagen.

Además, la dificultad para separar la vida *online* de la *offline* puede llevar a una *desconexión con la realidad*. El establecimiento de límites claros entre el espacio personal y el virtual, afectando la calidad de las relaciones interpersonales y la capacidad para vivir el momento presente. Este fenómeno puede llevar a una reducción de las interacciones cara a cara, erosionando la profundidad y significado de las relaciones humanas. La preferencia por la comunicación digital sobre la interacción directa puede limitar el desarrollo de habilidades sociales esenciales, como la empatía, el reconocimiento de señales no verbales y la capacidad para establecer relaciones significativas.

El uso masivo de dispositivos con pantalla *online* ha incrementado de manera específica nuestra interacción con la información, la comunicación y el entretenimiento. Uno de los fenómenos emergentes asociados con el uso intensivo de estas tecnologías es la *infoxicación*, o sobrecarga de información. La infoxicación ocurre cuando la cantidad de información disponible supera nuestra capacidad para procesarla de manera efectiva. Esto puede llevar a la confusión, y a la dificultad para tomar decisiones informadas, ya que el individuo se ve abrumado por el volumen de datos e informaciones que recibe constantemente.

La dependencia creciente de la información digital podría debilitar nuestra capacidad para analizar y evaluar críticamente las fuentes de información. Al confiar excesivamente en fuentes externas para el almacenamiento y recuperación de información, se erosiona el *pensamiento crítico* y la reflexión profunda, propia de la naturaleza humana. Este fenómeno sugiere un cambio en la valoración del conocimiento, donde la habilidad para distinguir la información útil y veraz es más importante que el acceso mismo a la propia información.

Las redes sociales y las plataformas *online* juegan un papel crucial en la desinformación y la polarización social, dada su facilidad para difundir noticias falsas y contenido engañoso, contribuyendo significativamente a la *polarización* de opiniones en la sociedad. Este ambiente de desinformación no solo socava la confianza en las instituciones y en los medios de comunicación tradicionales, sino que también afecta la cohesión social y el diálogo constructivo.

Entre los riesgos de acceso excesivo a información, es de especial interés la exposición a *contenido inapropiado*, especialmente entre niños y adolescentes, incluyendo material violento, sexual o de otro tipo, lo que plantea serias preocupaciones sobre su seguridad y bienestar. Además, los riesgos en línea como el *acoso cibernético* y la solicitación sexual representan amenazas reales que pueden tener consecuencias duraderas en el desarrollo emocional y psicológico de los jóvenes. Estos desafíos subrayan la necesidad de una mayor educación digital, supervisión parental y el desarrollo de políticas y herramientas efectivas para proteger a los más vulnerables en el entorno digital.

Algunos riesgos para las sociedades

La interacción entre el aislamiento social y los desafíos de privacidad y seguridad en línea tiene implicaciones profundas para el bienestar social y la cohesión cultural. Desde un punto de vista puramente antropológico, la proliferación de dispositivos *online* podría estar conduciendo a una *uniformización de la vida social* y, por ende, a una reducción de la variedad de culturas humanas. La tecnología digital ha facilitado la emergencia de lo que podríamos denominar "universales culturales", es decir, prácticas, valores y símbolos compartidos globalmente a través de la internet y los medios digitales.

Muchas veces cuando quedamos con los amigos y demás, desaprovechamos ese tiempo que tenemos con ellos muchas veces por mirar Instagram o... y te estás perdiendo muchos minutos que podrías estar disfrutando con ellos...

Y ya, si te quitan todas las redes sociales y los mensajes para contactar con ellos, pues a lo mejor sí lo llevaríamos mal, porque es a lo que estamos acostumbrados.

(Estudiante, 14 años)

La uniformización de la vida social se realiza en torno a patrones culturales dominantes —a menudo emanados de centros de poder económico y mediático— lo que podría diluir las particularidades culturales locales. Este proceso es visto como una amenaza a la diversidad cultural, donde prácticas tradicionales, lenguajes y expresiones artísticas minoritarias podrían perderse o ser subsumidas bajo modelos culturales más globales y comercialmente dominantes. El contenido al que se accede a través de internet no siempre refleja los valores y normas de la sociedad a la que pertenecen sus usuarios. Esta disparidad entre el contenido en línea y los valores locales puede crear conflicto, ya que los mensajes contradictorios confunden a los niños sobre qué normas y comportamientos son aceptables.

En el tejido social que constituye nuestras comunidades, la familia ha sido tradicionalmente el primer agente de socialización, desempeñando un papel crucial en la transmisión de valores culturales, normas y comportamientos a las generaciones más jóvenes. Durante años, la interacción cara a cara, las narrativas compartidas y las actividades conjuntas han sido los medios a través de los cuales se ha perpetuado la cultura familiar y, por extensión, la cultural general. Sin embargo, la irrupción y proliferación de los dispositivos *online* en la vida cotidiana ha cambiado el escenario, planteando desafíos al rol socializador de la familia. Estudios recientes sugieren que el aumento en el tiempo de uso de la pantalla está afectando la *cantidad y calidad de las interacciones entre padres, madres hijos e hijas,* con efectos desconocidos en la transmisión de contenidos culturales, así como el desarrollo cognitivo y emocional de los niños (Domoff et al., 2018). Las interacciones ricas y variadas con cuidadores son fundamentales para el desarrollo del lenguaje, la empatía y las habilidades sociales en los niños, pero la irrupción de las pantallas interfiere en este proceso.

La tecnología puede ser fuente de nuevas formas de desigualdad, es lo que se ha dado en llamar, de manera genérica, la *brecha digital.* Incluso en los lugares más favorecidos económicamente, existen personas que tienen acceso fácil a los dispositivos y la información, mientras que otros quedan marginados, limitando sus oportunidades educativas, económicas y sociales. Una versión de la brecha digital no desdeñable se da en el seno de las familias, entre generaciones mayores (madres y padres) con dificultades de uso y actualización tecnológica, y sus hijas e hijos, permanentemente actualizados. Los jóvenes, que a menudo son nativos digitales, tienden a adaptarse rápidamente a las tecnologías, mientras que las generaciones mayores pueden enfrentarse a dificultades para comprender y utilizar estas herramientas con facilidad.

Esta diferencia de habilidades y comprensión tecnológica puede llevar a un desequilibrio en la comunicación y la interacción dentro del núcleo familiar, afectando la dinámica y el apoyo mutuo entre sus miembros.

Las preocupaciones sobre el *aislamiento digital* son similares. Las personas pueden pasar mucho tiempo en línea, en redes sociales o jugando videojuegos en solitario o con otras personas, pero sin relación social cara a cara. El uso excesivo de pantallas no solo disminuye las oportunidades de comunicación directa, sino que también puede afectar las habilidades de comunicación y las relaciones interpersonales, marcando una preocupación creciente en nuestra sociedad interconectada.

Es que las redes sociales no son un peligro, solo depende del uso que les des porque, por ejemplo, nuestros padres sí lo ven como un peligro siempre, porque dicen que no vamos a usarlo de la forma correcta. Pero claro, hemos nacido en una etapa en la que todo va con tecnología y sí sabemos cómo funciona, Nuestros padres por ejemplo no saben cómo va.

(Estudiante, 16 años)

Paralelamente, la *privacidad y seguridad* se han posicionado como preocupaciones centrales. Los usuarios se encuentran cada vez más expuestos a la recopilación de datos personales y al robo de identidad y los ciberataques. Las inquietudes sobre cómo se manejan y protegen nuestros datos personales han motivado un debate sobre el uso y la responsabilidad de las empresas tecnológicas. La protección de la privacidad de los individuos se ha convertido en un imperativo ético y legal que demanda regulaciones gubernamentales más estrictas en materia de seguridad en línea. Además, el entorno digital presenta riesgos específicos para poblaciones vulnerables, especialmente niños y adolescentes.

Los niños y jóvenes de hoy día navegan en un ciberespacio donde pueden estar expuestos a amenazas a la privacidad y la seguridad, ya que son especialmente sensibles por su edad.

Otro cambio relevante es el impacto en la economía y el empleo. Las nuevas formas de trabajo han puesto en cuestión formas de trabajo tradicional, y han desubicado del mercado de trabajo a perfiles tradicionales de trabajadores manuales. Si bien la tecnología digital ha creado nuevas oportunidades laborales en sectores como la tecnología de la información, también ha dado lugar a la *automatización de tareas y la desaparición de empleos* tradicionales en sectores como la manufactura y el comercio minorista.

Este cambio en el mercado laboral ha generado preocupaciones sobre la equidad económica y la necesidad de desarrollar habilidades digitales para adaptarse a un entorno laboral en constante cambio.

También han surgido preocupaciones sobre la *polarización política*. Las plataformas digitales y redes sociales pueden ser caldo de cultivo para la radicalización y la propagación de desinformación, planteando serios desafíos para la democracia y la participación activa en la vida cívica. Las redes sociales son espacios donde los usuarios se exponen principalmente a puntos de vista que refuerzan sus propias creencias, lo que puede intensificar las divisiones existentes dentro de la sociedad, en un entorno político cada vez más fragmentado y hostil.

La propagación de desinformación a través de estas mismas plataformas representa un desafío democrático.

Movimientos sociales frente a los riesgos de la hiperconexión

Tal como hemos visto, las pantallas y la tecnología digital son una parte integral de la cultura y la sociedad moderna, y no pueden ser eliminadas ni ignoradas. Han llegado para quedarse (Murciano-Hueso et al., 2022), al igual que otros avances tecnológicos a lo largo de la historia, como la escritura, el libro, la navegación o la industria. También se ha mostrado cómo, junto a elementos negativos, existen aspectos positivos que ofrecen enormes ventajas, mientras se mitigan los desafíos y riesgos asociados.

En coherencia con esta realidad, existen iniciativas encaminadas a promocionar un uso equilibrado de los dispositivos. Estos movimientos buscan sensibilizar sobre los efectos del uso excesivo de la tecnología, y promover alternativas que fomenten el bienestar y la conexión humana. Algunos de ellos son:

1. **Tecnología para el Bienestar (conocido por la etiqueta #*TechForGood* o #*Tech4Good*).** Este movimiento se centra en el desarrollo y uso de tecnologías para abordar desafíos sociales y ambientales. A

diferencia de otros enfoques que pueden buscar reducir el uso de la tecnología, *Tech for Good* explora cómo la tecnología puede ser utilizada de manera positiva para mejorar la calidad de vida, promover la sostenibilidad y apoyar la inclusión social. Organizaciones y empresas dentro de este movimiento trabajan en proyectos que van desde aplicaciones que promueven la salud mental hasta plataformas que facilitan el acceso a educación de calidad para comunidades desfavorecidas. La web *Tech for Good Global*, reúne proyectos y noticias sobre cómo la tecnología está siendo utilizada para crear un impacto social positivo. La incorporación de la tecnología en soluciones para problemas globales refleja un enfoque proactivo y optimista hacia el papel de la tecnología en la sociedad. Al centrarse en el potencial de la tecnología para contribuir al bienestar colectivo, el movimiento #*Tech4Good* inspira a desarrolladores, empresarios y usuarios a pensar críticamente sobre cómo sus habilidades y herramientas digitales pueden ser aprovechadas para el beneficio de todos.

2. **Desconexión Digital Consciente.** Inspirado en la filosfía "Detox", este movimiento anima a las personas a tomar descansos del uso de la tecnología digital. La desconexión digital consciente ayuda a reducir el estrés y la ansiedad asociados con el uso constante de dispositivos, y promueve momentos de reflexión y conexión con el entorno natural y social. Organizaciones como *Time to Log Off*, o *Digital Detox* ofrecen consejos para aquellos que buscan una pausa de su vida digital.

3. *Slow Tech.* Esta idea sigue los principios del movimiento "*Slow Food*", el *Slow Tech* promueve un enfoque reflexivo y meditado hacia la tecnología. *Slow Tech* anima a las personas a cuestionar y reconsiderar su relación con los dispositivos digitales, optando por tecnologías que fomenten una vida equilibrada y sostenible. El objetivo es promover el uso de la tecnología de manera que enriquezca la vida sin sobrecargarla.

4. **Movimientos de Bienestar Digital.** Estas iniciativas promueven prácticas saludables en el uso de la tecnología, abogando por

un equilibrio entre la vida digital y física. Plataformas como *Common Sense Media* proporcionan recursos para padres y educadores sobre cómo gestionar el tiempo frente a pantallas de niños y adolescentes, fomentando un uso de la tecnología que apoye el desarrollo saludable.

5. **Iniciativas de Desarrollo Sostenible.** Algunas organizaciones enfocan sus esfuerzos en integrar la tecnología de manera sostenible, promoviendo el uso de dispositivos de manera que apoye la sostenibilidad ambiental. Movimientos como *The Restart Project* animan a las personas a reparar y reutilizar dispositivos electrónicos para reducir el desperdicio y el impacto ambiental.

6. **Grupos de Meditación y Atención Plena.** Con el objetivo de contrarrestar el bombardeo constante de información y estímulos digitales, grupos y comunidades de meditación y atención plena utilizan prácticas milenarias para fomentar la desconexión y el reenfoque en el momento presente. Estas prácticas ayudan a mitigar los efectos del estrés digital y a promover un estado de calma y concentración.

7. **Foros de Discusión sobre Ética Tecnológica.** En respuesta a las preocupaciones sobre el impacto social y ético de la tecnología, han surgido foros y plataformas de discusión dedicados a explorar estos temas. Espacios como *The Center for Humane Technology* ofrecen un lugar para el debate sobre cómo diseñar y utilizar la tecnología de manera que beneficie a la sociedad y al individuo, promoviendo un enfoque ético en el desarrollo tecnológico.

8. **Minimalismo Digital.** Inspirado en el concepto más amplio del "Minimalismo", el minimalismo digital se centra en la reducción del uso de tecnologías digitales y redes sociales para priorizar aspectos de la vida que aportan valor genuino. Un enfoque minimalista hacia la tecnología puede ayudar a las personas a recuperar el control sobre su tiempo y atención, mejorando así su calidad de vida.

9. Pájaros Carpinteros Tecnológicos. Este término describe a profesionales de la tecnología que, a pesar de trabajar en el sector, son críticos con algunas de sus direcciones y efectos sobre la sociedad. Buscan promover un desarrollo tecnológico que sea ético, responsable y centrado en el ser humano, abogando por innovaciones que consideren el impacto social y ambiental.

10. Movimientos de Privacidad en Línea. En respuesta a las crecientes preocupaciones sobre la privacidad y seguridad de los datos personales en internet, estos movimientos abogan por una mayor protección y derechos de privacidad para los usuarios en línea. Demandan transparencia de las empresas tecnológicas y regulaciones gubernamentales más estrictas para salvaguardar la información personal de los individuos.

11. Centros de Desintoxicación Digital. Reconociendo la necesidad de abordar la adicción a la tecnología y las pantallas, algunos países han establecido centros especializados que ofrecen programas de rehabilitación. Estos centros brindan apoyo y estrategias para ayudar a las personas a gestionar su uso de la tecnología, promoviendo un estilo de vida más equilibrado y saludable.

12. Educación sobre Alfabetización Digital. A través de programas educativos y talleres, organizaciones y educadores buscan promover la alfabetización digital entre la población. Estas iniciativas enseñan cómo utilizar la tecnología de manera segura y efectiva, enfatizando la importancia de una participación crítica y consciente en el mundo digital.

En España diversos movimientos y grupos están emergiendo con el propósito de fomentar un uso más consciente y equilibrado de la tecnología. A continuación, se describen algunos de ellos:

13. PantallasAmigas. es una iniciativa nacida en 2009 con el eslogan "Por una Ciudadanía Digital Responsable". Procura la promoción de habilidades para la vida digital, habiendo desarrollado proyectos en más de 15 países, especialmente del ámbito hispanohablante. "PantallasAmigas" desarrolla campañas de sensibilización, guías y materiales didácticos, jornadas y congresos, consultoría a administraciones públicas y empresas, formación a familias, alumnado, docentes y otros profesionales. Se centra en la promoción de la desconexión digital consciente, ofreciendo alternativas al uso constante de dispositivos electrónicos. Organizan retiros y actividades al aire libre, como caminatas, talleres de meditación y yoga, con el fin de fomentar el contacto con la naturaleza y la interacción humana directa. Su objetivo es ayudar a las personas a reconectar con ellos mismos y con su entorno, reduciendo la dependencia de la tecnología.

14. **Simplicidad Voluntaria.** Inspiradas en el movimiento internacional del mismo nombre, estas comunidades promueven un estilo de vida que valora la sencillez, la sostenibilidad y la conciencia. A través de la reducción del consumo, incluido el uso de tecnología, los adherentes buscan una vida más plena y significativa, centrada en experiencias en lugar de en posesiones.

15. **Día/Semana de ocio sin pantallas.** Son iniciativas para crear conciencia sobre el impacto del uso excesivo de la tecnología. Se han promovido campañas y eventos denominados "Día sin Pantallas" o "Semana sin pantallas". Estos eventos animan a las personas, familias y comunidades a desconectarse de sus dispositivos digitales durante un día entero, incentivando la participación en actividades recreativas, el contacto con la naturaleza y el fortalecimiento de las relaciones personales.

4. Pantallas en casa y en la vida familiar

El contexto familiar, y específicamente el hogar, es el espacio principal y primario de socialización para los hijos. La familia es la institución responsable de trasmitir y favorecer que las generaciones jóvenes interioricen valores, actitudes hacia la vida, creencias y hábitos diarios, que permitirán ir configurando la personalidad e identidad de los más pequeños de la casa. Es por ello que la familia ejerce una gran influencia en las primeras etapas de la vida, durante la infancia, y en otra de las etapas más importante como es la adolescencia.

La familia, como institución social y espacio de relación humana, tiene el encargo de hacer frente a uno de sus retos más difíciles, que no es otro que garantizar una adecuada convivencia entre sus miembros. En esa convivencia, confluyen aspectos de diversa índole, como las cuestiones relacionales, comunicativas, aquellas que tienen que ver con la resolución de los conflictos, la gestión del día a día y también, aquellas que tienen que ver con la construcción personal, individual y colectiva, de grandes y pequeños. Una construcción identitaria que representa el ser persona individual y el ser persona social, en este caso, en un entorno, espacio y tiempo como es el familiar.

Las personas adultas que conforman una unidad familiar, con hijos a su cargo, asumen que son responsables de generar esa convivencia saludable, pacífica, responsable, segura para los más pequeños de la casa. Y si pocos son los asuntos que abordan la vida familiar: cuestiones de alimentación, horarios responsables, conciliación de la vida familiar y laboral, apoyo al estudio y progreso académico, favorecer un ocio saludable, etc.; de un tiempo a esta parte, la irrupción de las pantallas en el hogar ha supuesto otro reto que, en ocasiones, no deja de ser un verdadero quebradero de cabeza.

Hoy reconocemos que disponemos de aparatos digitales que nos facilitan la organización y el día a día en el hogar: desde electrodomésticos programables, televisiones inteligentes, aparatos que ofrecen información con solo preguntar –que incluso entretienen–, aplicaciones que te permiten tener el calendario actualizado y te recuerdan qué obligaciones tienes, relojes inteligentes y un largo etcétera. En la investigación realizada por Empantallados y GAD3 (2021)[1], se recoge que uno de cada dos progenitores (el 46%), reconocen que "las pantallas simplifican bastante la logística de la familia".

Además, todos los hogares cuentan hoy con una gran diversidad de pantallas a las que se dan usos diferentes en función de la finalidad. Pero, además, se dan usos diferenciados en función de quién utiliza qué pantalla. No es lo mismo cómo y para qué utiliza el padre la tablet que el hijo, no es lo mismo cómo y para qué utiliza la televisión la madre que la hija el smartphone.

El problema de la tecnología digital y las pantallas es que han pasado de ser un recurso complementario que facilita y es útil, a un recurso imprescindible sin el cual nos encontramos perdidos, como en el caso del smartphone. Han pasado a convertirse en recursos que, por sí mismos, parecen tener la capacidad de condicionar nuestras actuaciones diarias, nuestros comportamientos y hasta nos gestiona qué y quiénes debemos ser, incluso qué debemos hacer como padres.

---

[1] Ver informe completo: https://empantallados.com/presentamos-el-estudio-en-espana-sobre-la-relacion-de-las-pantallas-en-los-hogares/

De hecho, las pantallas generan individualidad en el seno familiar, donde sumergirse y abstraerse de las personas que me rodean, paradójicamente, para relacionarse con otras desde el sofá, en muchas ocasiones. Tanto es así, que el mismo estudio mencionado anteriormente revela que a pesar de la diversidad de pantallas y la cantidad de tiempo que les dedican los miembros de la familia, no existen planes digitales en familia, lo que quiere decir que, por sí mismas, las pantallas no amplían momentos ni crean espacios para hacer más actividades conjuntamente padres e hijos, reduciendo la experiencia digital común al visionado principalmente de series o películas (Empantallados y GAD3, 2021). Algunas familias se acaban conformando.

Me disgusta, me enfada, no sé cómo decirlo, cuando de repente una tarde estamos en el salón, sobre todo los fines de semana que es cuando más tiempo pueden tener el móvil, a lo mejor han pasado dos horas y no sabemos de ellas. Y es que están en su habitación; claro, con el móvil, está claro. Entonces es cuando ya les llamamos y les decimos: ¿qué hacéis? Vale con el móvil, ven con nosotros, anda.

Y ya se bajan y están con nosotros, aunque estén con el móvil, pero ya están con nosotros. Pero que pasen muchísimo tiempo en la habitación solas con el móvil no me gusta, no quiero.

(Padre).

El uso generalizado de pantallas –en muchas ocasiones trasformada en dependencia– *y la necesidad* –que hemos asumido– tenemos de ellas, ha provocado incluso una oleada de presión social capaz de condicionar una vida familiar a la hora de asumir una cuestión como ¿a qué edad doy a mi hijo o hija su teléfono móvil? Es generalizada ya la idea de que nuestros hijos e hijas, sí o sí, en un momento u otro de su vida deben tener "su" propio smartphone.

Diversos estudios realizados por entidades como Unicef o Empantallados ponen de manifiesto que la edad media en la que los menores suelen recibir su primer móvil es España es a los 11 años, aunque otros estudios estiman más recientemente que uno de cada cinco niños y niñas de 10 años ya tienen acceso a un teléfono. Por ello, las familias asumen que los niños a edades tempranas ya esperan que alrededor de los 10 años, puedan tener su smarthopne propio, y las familias se preparan para ese momento en el que el hijo o la hija reclama su aparato –con datos mejor que sin ellos– *"Porque mis amigas lo tienen, porque los compañeros de la clase ya lo tienen, porque es lo normal a mi edad"*. Uno de los principales motivos por los que suele claudicarse, a pesar de no siempre estar de acuerdo, es la necesidad de no hacer sentir a los hijos que son "los raros" y prevenir una mal interpretada marginación del grupo de iguales.

No obstante, cada vez más, comienza a observarse una reticencia generalizada y colectiva ante la idea de sumergir de forma independiente y autónoma a los niños y las niñas en la tecnología, ofrecerles el tesoro deseado a los 10 años y evitar que naveguen por internet y se vinculen a redes sociales a edades tempranas. En diversos puntos de nuestro país, agrupaciones de familias comienzan a reclamar una mayor regulación al respecto, tanto en el retraso en la entrega del primer móvil, como en el contenido al que pueden acceder los menores de edad.

Los argumentos están claros, y han sido validados en varias investigaciones y estudios precedentes (González-Sanmamed et al., 2023; Ničković1 et al., 2017), un menor con 10 años no está preparado ni madurativa ni educativamente para afrontar los retos que supone gestionarse y regular el uso del teléfono móvil, incluso con ayuda de los padres, y tampoco está preparado para asimilar y ser crítico con la información y contenido que el mundo Internet le ofrece.

Lo que está claro es que Internet es una ventana abierta tanto para el aprendizaje y generación de experiencias positivas, y para el entretenimiento, como para encontrarnos con situaciones para las que la neurociencia, la psicología y cada vez más el mundo pedagógico ya ha puesto de manifiesto, que un menor de las edades que comentamos no está preparado.

Así, vemos cómo muchas familias pasan sin darse cuenta del: *"¿A qué edad doy a mi hijo el móvil?"* a *"¡Mi hijo está todo el día con el móvil!"*; y en ese impasse de tiempo, en ocasiones no ha habido una profunda reflexión en la que dar respuesta a preguntas como:

- ¿Para qué le doy el móvil?
- ¿Cómo quiero que use el móvil?
- ¿Qué tengo que enseñarle?
- ¿A qué riesgos vamos a tener que hacer frente?
- ¿Qué papel voy a ocupar yo, como padre o madre: autonomía plena, educación, control, supervisión?

Y la respuesta a estas preguntas debe darse antes y durante el proceso madurativo de los hijos e hijas, pues es imprescindible comprender que, en el momento en el que se sumerge y se da autonomía a los adolescentes en el mundo de las pantallas, todo cambia. Para el adulto, las tecnologías y las pantallas son objetos que facilitan la vida, pues nos permiten relacionarnos, mantenernos informados, comunicarnos, entretenernos.

Sin embargo, como progenitores, hemos de saber, que para los adolescentes y jóvenes la utilidad da un paso más, y las pantallas se acaban convirtiendo en una ventana abierta, que no es fácil cerrar, desde la que interactuar, ser y estar en un mundo, –el virtual–, que conjugan y compatibilizan con el mundo analógico, sin mediación de pantalla. Es lo que ya se ha puesto de manifiesto en capítulos anteriores, la construcción identitaria *onlife*, donde el joven percibe la pantalla como un espacio más en el que ser y desarrollarse.

Las generaciones jóvenes han naturalizado y normalizado no solo que las pantallas son "la principal" herramienta para hablar, comunicarse, interaccionar, divertirse, manifestarse como persona, realizar gestiones, etc., sino que les permiten acceder a un ámbito más de su vida diaria, como lo es el colegio, el hogar, la calle, en el que pasar tiempo y seguir desarrollándose como persona, individual y colectivamente.

Plantearse cuándo es el momento y de qué manera vamos a dar el paso a dar autonomía a los hijos con la tecnología es clave. La familia se convierte en un factor protector si es capaz de manejar todos aquellos atributos, condicionantes, características que pueden hacer reducir el riesgo y la probabilidad de hacer un uso problemático de las pantallas. En definitiva, prevenir para evitar a la contra todos los factores de riesgo que hoy sabemos que existen: enganche, adicción, pérdida del control del tiempo, abstracción de la realidad, sensación de aislamiento, permuta en la identidad, etc.

Si asumimos estos dos principios: *ponerle puertas al campo es casi imposible*, y *la tecnología ha llegado para quedarse*, asumimos que, antes o después, ese momento en el que nuestros hijos sean independientes delante de una pantalla va a llegar, al igual que llega el momento de darles las llaves de casa, dejarles que salgan por las noches, o que se queden solos en casa. Al igual que no dejaríamos a nuestro hijo o hija a edades tempranas en una calle de la ciudad que no conoce para que vuelva solo a casa, –más aún si está anocheciendo–, al igual que nos sería inconcebible que les permitiésemos consumir estupefacientes o beber alcohol, la tecnología, las pantallas deben remover el criterio, la responsabilidad y coherencia en las familias a la hora de tomar decisiones respecto a los más pequeños.

En esta toma de decisiones juega un papel fundamental la labor de los progenitores en su función educativa a través de la cual deben procurar para sus hijos estrategias que les permitan ir desarrollando una adecuada capacidad de autonomía y responsabilidad. Y para poderlo hacer, es esencial saber dar respuesta a las cuestiones planteadas, consensuar unas normas y límites adaptadas a la edad y momento evolutivo del niño, a su maduración, a la influencia que tiene el grupo que le rodea, etc.

Es momento de eliminar ese llamado absentismo de los progenitores en la supervisión eficiente de la digitalidad de sus hijos, que mencionan algunas investigaciones (Gutiérrez et al., 2022) y que hace referencia a la paradoja de "padres helicóptero controlando y que al final los hijos son Blancanieves que están en el bosque" (p. 582).

También es tiempo de tratar de mitigar la llamada "esquizofrenia selectiva" que sufren algunos padres, y que provoca no saber siempre cómo se debe actuar. Es importante reconocer, que las familias cada vez están más concienciadas y saben qué hay que hacer frente al reto que el avance de esta sociedad hiperconectada les pone delante, respecto a las nuevas situaciones sociales que genera, y para ello, las familias están aprendiendo.

Punto de partida, el uso que hacen de las pantallas los adultos del hogar

A lo largo de este capítulo pretendemos analizar cuáles son las principales inquietudes que las familias tienen para enfrentar ese momento en el que se dan cuenta de que deben enseñar y ayudar a sus hijos e hijas a usar la tecnología y relacionarse con ella. Sin embargo:

- ¿Nos planteamos qué es lo que ven, perciben, aprenden nuestros hijos en el hogar?
- ¿Cómo y para qué utilizamos los adultos la tecnología? Y lo que es más importante,
- ¿Sabemos gestionar los tiempos?

El último estudio realizado por el INE (2023) en nuestro país revela que el 90,0% de las personas entre 16 y 74 años utilizan algún tipo de dispositivo para conectarse a Internet diariamente. Informes como el elaborado por *Digital Consumer by Generation* muestran que la población española mayor de 18 años utiliza su smartphone una media de 3 horas y media al día, aunque otros como el estudio Digital 2023: *Global Overview Report* indican que la utilizamos de media 5 horas y 45 minutos. Entre los usos más habituales, se encuentran los relacionados con la *comunicación* (servicios de mensajería instantánea como WhatsApp, recibir o enviar correos electrónicos o realizar videollamadas); *actividades relacionadas con la información, banca por Internet; la educación; la participación política y social; las ventas de bienes y servicios y la búsqueda de empleo*. En los últimos años, ha crecido exponencialmente además el tiempo que los adultos invierten en redes sociales, en el visionado de Streaming y en las compras *online*.

Los padres y madres de familia usan la tecnología a diario, para casi todo. Para realizar compras, incluida la compra de alimentos; para pagar el aparcamiento; para ver y operar con la cuenta bancaria; para revisar el correo electrónico del trabajo; para comunicarse con amigos y familiares –incluso con los que viven en el mismo hogar–; para entretenerse viendo una película o serie a través de alguna plataforma digital; como despertador; para escuchar música o leer la prensa; para hacer seguimiento del progreso de los hijos en el colegio o estar pendiente de las tareas escolares; para estar pendiente de lo que en las redes sociales se dice; para dar opinión o estar atento a lo que los contactos hacen o no en su vida diaria; para saber llegar de un sitio a otro; para capturar los mejores momentos, en foto o vídeo; para saber a qué hora llega el autobús o solicitar un taxi; y podríamos seguir enumerando un largo etcétera.

Sin duda, los smartphones especialmente, pero también los relojes digitales y otros aparatos tecnológicos que nos rodean nos hacen la vida más fácil, rápida y operativa. Pero,

- ¿Somos los adultos conscientes de las horas que pasamos mirando a través de la pantalla?
- ¿Somos conscientes de lo que estamos mostrando a los más pequeños cuando decimos por ejemplo: *"dame un segundo que tengo que responder un mensaje. Dame un segundo que tengo que cerrar la cuenta. Dame un segundo que atiendo esto y ahora te presto atención…?"*.

Los estudios, entre otros como el de la psicóloga Hirsh-Pasek, han demostrado que supone un gran impacto en el desarrollo de los hijos romper momentáneamente la conversación o atención que estamos teniendo con ellos; y es mayor si acaba convirtiéndose en una dinámica de atención parcial continuada.

Las pantallas, *también* roban tiempo a los adultos para mirar a la cara a las personas que les rodean; sufren la llamada "tecnointerferencia" acuñada por Christakis (2017). Y decimos *también* porque existe una ingente cantidad de literatura en la que se señala la preocupación por las muchas horas que los adolescentes pasan delante de la pantalla y los efectos perniciosos que esto tiene para ellos, como si fuera algo único y exclusivo de las generaciones jóvenes. De hecho, la generación de familias actual muestra una gran preocupación por las horas que los niños y adolescentes pasan delante de la pantalla, incluso se sienten culpables por ello.

Sin embargo, ¿quién está permitiendo y ofreciendo, desde edades tempranas, que niños y adolescentes pasen tiempo delante de la pantalla? Son las familias las que ofrecen a los hijos un tipo de ocio –que posteriormente también será un recurso educativo– condicionado y mediado por un aparato tecnológico. El entretenimiento, y la necesidad de que los hijos ocupen un tiempo en una actividad que no requiera la entera disposición y atención de los adultos para poder atender otras obligaciones es lo que lleva a muchas familias a poner delante de la televisión, aunque cada vez más el dispositivo por excelencia la Tablet o el IPad, a niños y niñas de corta edad, teniéndoles así entretenidos.

La importancia de poner de relieve estas cuestiones estriba en la necesaria reflexión y análisis que requiere actualmente la forma en la que nos relacionamos con nuestros hijos desde que nacen, dado que va a condicionar el tipo y calidad de relación que vamos configurando con el paso del tiempo.

Los más pequeños de la casa nacen con la predisposición de entrar en contacto con los demás, y son especialmente sus cuidadores quienes tienen la responsabilidad de establecer un lazo emocional que les una de tal forma que el niño o niña pueda ir desarrollándose de manera efectiva, manifestando sus necesidades y crecer felices y seguros en función de las respuestas que van obteniendo de los adultos. Es lo que se conoce como "apego", que se consigue con la implicación de unos padres implicados, empáticos y responsables del cuidado y atención de los hijos con el objetivo de aportarles seguridad y estabilidad emocional.

Este apego va a condicionar con el paso del tiempo, la confianza que nuestros hijos depositen en nosotros, y facilitará o dificultara el acompañamiento que les prestemos.

Las pantallas están teniendo un papel relevante en la configuración actual del apego, entre otras cuestiones, por el tiempo que están robando a los padres –o el tiempo que padres y madres se dejan robar– en detrimento de un contacto visual directo y físico con sus hijos. Estar pendiente del sonido del teléfono –sonido de llamada, sonido de mensaje, sonido de correo electrónico– resta posibilidades de atención a las necesidades de nuestros hijos, a ese tiempo en el que ellos requieren nuestra plena atención.

Y es que, uno de los principales males del siglo XXI para las familias es el "tiempo", la presión por tener tiempo para querer hacerlo todo de forma inmediata. Dedicamos tiempo a trabajar con la idea de tener tiempo para descansar, dedicamos tiempo a contestar mensajes buscando tener tiempo para prestar atención después a quien nos. Pero ¿cómo nos está influyendo esta búsqueda permanente del tiempo libre y desocupado en el día a día y en nuestra labor como progenitores?

Corremos el riesgo de convertirnos en padres distraídos, en padres que prestan una atención parcial a lo que sus hijos demandan o necesitan, especialmente en el desarrollo de habilidades comunicativas y emocionales, y es que, autoras como Erika Christakis apuntan a que la interacción entre padres e hijos es de calidad cada vez más baja, a pesar de ser la generación de padres que más tiempo aparentemente tienen para pasar con sus hijos respecto a otras épocas.

Unido al tiempo es necesario señalar otro de los males a los que los adultos también hemos sido sometidos, casi sin ser conscientes, y es la sobreexposición a través de redes sociales de nuestra vida cotidiana, especialmente de aquellos momentos que nos aportan felicidad y bienestar. No es este el problema que nos ocupa, sino más bien el problema que se genera cuando las familias practican lo que se denomina *sharenting*, o sobreexposición de los hijos en las redes sociales, a través de la que van creando una huella digital de los menores sin su consentimiento.

Hemos normalizado conductas que no deben evitar que seamos conscientes de los riesgos que supone compartir fotografías o vídeos de nuestros menores, riesgos entre los que se encuentra la falta de privacidad para ellos, y que favorecen el que sufran *ciberbullying*, fraude, *grooming* –acoso por parte de otros adultos– o incluso que puedan ser usadas con propósitos pedófilos.

Y tampoco podemos evitar, en un ejercicio de responsabilidad, ser conscientes de que los menores asumen que comparten nuestra vida privada e íntima en internet; es algo aceptado, reproduciendo esta conducta por observación e imitación. Permitimos que normalicen esta conducta durante la infancia, pero tenemos problemas a la hora de gestionar límites cuando son ellos mismos quienes comparten "sus vidas" en sus redes sociales.

Hacernos conscientes de lo evidente nos permite afrontar nuestro papel familiar desde la racionalidad que requiere el preguntarnos:

- *¿Qué está pasando?*
- *¿Qué puedo hacer?*

Y también permite desculpabilizar a los niños y adolescentes de aquello que, de forma más o menos consciente, hacen las familias en esa relación niños-tecnología, sin haberse parado a pensar en los riesgos que eso supone a corto y medio plazo. Estamos saltando en un abrir y cerrar de ojos del: *"Dale la Tablet para que esté tranquilo"* mientras come, o mientras viajamos, o mientras esperamos a que nos llamen en la consulta del pediatra, o mientras terminamos de hacer la comida…" a *"Hijo, deja el móvil un rato y préstame atención"*.

Haciendo consciente lo cotidiano y observando cómo nos comportamos los adultos en estos escenarios, podremos abordar los miedos, las inquietudes y las posibilidades de abordar la cuestión digital en el hogar.

Lo que preocupa a las familias

Tiempo libre, hijos y familia

Durante la primera infancia, el tiempo libre no escolar ni programado suele estar organizado por la familia. ¿Qué hacer con nuestros hijos cuando no están en el colegio o en actividades extraescolares? Hay familias que eligen que sus hijos pasen tiempo en espacios naturales; familias que recurren a actividades culturales, y/o comunitarias; familias que prefieren el entretenimiento artístico o audiovisual; familias que deciden pasar tiempo en el hogar interactuando con los hijos e hijas; familias que delegan este tiempo a otros adultos o en espacios de ocio.

Cuando llega la preadolescencia, los hijos e hijas piden una mayor autonomía en la toma de decisiones sobre qué quieren hacer cuando no están ocupados, es decir, buscan tener voz y voto en cómo ocupar ese tiempo desocupado de obligaciones.

Lo que sí parece estar presente es el uso de pantallas en mayor o menor medida para entretener ese tiempo desde edades tempranas, como ya venimos mencionando. Desde bien pequeños las familias recurren a la pantalla para que sus hijos e hijas se entretengan: juegos –educativos o no–, vídeos, series, música, etc.

Bueno, el mayor ya sale algo más con los amigos. El pequeño de 13 pues empieza a quedar algo, sí que empieza a quedar.

Y luego pues el pequeño ahora está leyendo bastante, pero también muchos juegos, móvil y demás.

Y el mayor, que leyó mucho, está ahora en ese sentido menos y dedica más el tiempo, pues eso, a salir con los amigos el fin de semana, y luego pues juegos que si la tablet, o el móvil… con juegos me refiero a móvil, tablet, ordenador…

(Madre).

En su tiempo libre [la niña], que tiene 12 años, suele hacer deporte, va al Colegio a hacer deporte los fines de semana y durante la semana … y luego viene con nosotros también a … participar de actividades de ir al pueblo, de salir con los amigos …, etc.

(Madre).

Luego también, pues en su habitación le gusta todavía jugar con las muñecas, y con juegos y pintar, dibujar, … y nosotros, los fines de semana .., pues le gusta ver la tele, los dibujos de la tele …, y luego también … con una tablet que suele utilizar los fines de semana …, puesto que hasta los fines de semana no le dejamos la tablet … pues suele ver alguna serie de … dibujos y series un poco de … adolescentes.

(Padre).

Las pantallas están presentes y se han convertido en el recurso fácil para ocupar el tiempo libre. Lo que la pantalla ofrece es contenido ilimitado, que no requiere gran presencia del adulto, y que garantiza entretenimiento asegurado, momento en que las familias pueden dedicarse a otros quehaceres: ocuparse de tareas domésticas, comer sin llantos del niño, atender una visita, etc. La pantalla absorbe totalmente al pequeño, y esto las familias actuales lo utilizan mientras son pequeños relativamente a su antojo, doy o quito la pantalla cuando veo la necesidad. El problema surge cuando es el adolescente quien usa la pantalla a su antojo, y pasa a ser el protagonista de ocupar su tiempo libre usando tecnología, y las familias sorprendidas afirman: *"Las pantallas les tienen comida la cabeza"* o *"No hacen otra cosa que estar delante de la pantalla"*.

Quizá estamos comenzando a comprender que, aquellos a los que hemos denominado "nativos digitales", aprenden rápido y por observación, desde bebés, los principales códigos para utilizar la máquina: desbloquear, deslizar el dedo para cambiar de pantalla, encendido y apagado, búsqueda de contenido, etc.; pero el hecho de aprender rápido las instrucciones de funcionamiento, no garantiza ni está relacionado con saber instintivamente usar la tecnología de manera adecuada. Esa capacidad pseudoinnata de saber usar las pantallas; no está relacionada con su capacidad para interpretar el contenido que consumen, ser críticos con la información, saber diferenciar el peligro, gestionar las relaciones sociales en espacios donde solo se comunica con dos sentidos –oído y vista–.

Si las pantallas se van a convertir en un espacio de convivencia tenemos que enseñarles –desde que son pequeños– a relacionarse en ese entorno virtual rodeado de pantallas.

Pero también ayudarles desde que son pequeños a gestionar su tiempo, pues está demostrado que, el tiempo delante de la pantalla, está restando tiempo y oportunidades para que sean, estén y se desarrollen en otros espacios, y es misión de las familias, ayudar en esa gestión del tiempo libre.

De ahí el necesario papel familiar, el comportamiento de progenitores en la búsqueda de alternativas al tiempo delante de pantallas y a las medidas de gestión temporal y de contenido a lo que nuestros hijos tienen acceso.

Controles y medidas parentales

La pantalla en los hogares ha supuesto una adaptación y reconfiguración de las costumbres y hábitos cotidianos dado que, como vamos observando, mucho del tiempo que se dedicaba a otras actividades: como hacer deporte, salir al parque, jugar en la calle, se ha convertido en un tiempo ante la pantalla. Los ritmos familiares sufren por ello una alteración que, en ocasiones, puede ser complicado gestionar. Sobre todo, cuando se advierte el uso excesivo de los aparatos digitales especialmente durante la adolescencia.

El uso o sobreuso de la pantalla en el tiempo de ocio suele ser uno de los principales focos de conflicto familiar, cuando los padres intentan poner control sobre el uso del tiempo e incluso restringirlo. Los conflictos no son iguales si este control ha existido desde el primer momento, que si se tiene que imponer tras dar autonomía al niño o la niña y observar que no sabe o no puede autogestionarse solo.

Pero el control y las medidas parentales no son un mecanismo que plantean las familias exclusivamente para controlar el factor tiempo, también es una medida que se establece para, a modo de vigilantes, controlar el contenido que los niños y niñas consumen, las aplicaciones de uso, incluso cuando van creciendo, la creación de contenido propio que realizan. Por tanto, las familias se plantean –o deberían plantearse– qué y cómo controlar, en relación con:

- Uso del aparato tecnológico (tablet, smartphone, ordenador, consola).

- Tipo de contenido que pueden consumir con y sin supervisión de los adultos.

- Características de las aplicaciones y los espacios en los que interactuan y participan.

Y más adelante:

- Creación de perfiles en redes sociales

- Publicación de contenido: fotografías, estados, comentarios, vídeos, etc.

- Contactos e interacción a través de los espacios virtuales y redes sociales.

En cada momento la duda asalta respecto a:

- ¿Cómo debo de comportarme como padre o madre?

- ¿Cómo debo controlar el tiempo de conexión, los espacios a los que pueden acceder?

- ¿Doy libertad y autonomía hasta que observen que hay un problema?

- ¿Es la pantalla y la virtualidad un espacio privado para el adolescente, forma parte de su intimidad?

Ante estas cuestiones, las maneras de actuar son dispares, desde un control extremo a través de aplicaciones gestionadas por los adultos tipo *Google Family Link, Eset Parental Control, Kaspersky Safe Kids, Qustodio*, etc., hasta la autonomía plena.

[…] nosotros solamente le dejamos el móvil los fines de semana y cuando termine las tareas … y lo que sí que hace es bien ver a través del móvil, algunos programas … algunos canales y tal, también … de temas de adolescentes, de jóvenes … y tiene también un ordenador y lo utiliza para tareas en casa … y también a veces utiliza ese mismo ordenador para ver programas … relacionados pues eso … con canales que a él le gustan, de películas, series.

(Padre).

Claro, porque nosotros … más que nada … porque pensamos que en el tema de las tareas … seguramente le vaya a quitar tiempo … porque se va seguramente …

Vamos … la idea nuestra … si le dejas el móvil, o si le dejas demasiado el ordenador y no se lo supervisas seguramente esté utilizándolo o esté mal utilizándolo …

Es una época … por la tarde … de hacer tareas en casa … y entonces …estoy bastante convencido de que es posible que si le dejamos sin control el móvil … es posible … es posible … es posible … que lo utilice de manera no idónea, no adecuada.

(Madre).

© narcea, s.a. de ediciones

Sí, sí. Ellos lo eligen, y luego llega un momento en que pues uno coge a lo mejor y llega del colegio un viernes y se pone con la Tablet, entonces eso lo elige él. Y llega un momento en el que a lo mejor pues, o un sábado por la mañana. Si nosotros vemos que nos estamos mosqueando porque lleva mucho tiempo con la Tablet, pues: oye, mira a ver si quieres… ¿por qué no vamos a hacer algo, por qué no tal, por qué no te pones a leer? Entonces eso ya se lo indicamos nosotros, pero en un principio lo inician gestionando ellos, por así decirlo.

(Padre).

Plantearse *control parental* ¿sí o no? genera verdaderos quebra-deros de cabeza, pues los hijos tienden a asumir como propio ese aparato tecnológico que están utilizando; asumen, de entrada, que saben más que sus padres sobre sus usos, creen que son espacios pri-vados donde se relacionan con sus iguales y los padres deben darles libertad y autonomía, dado que, especialmente entre los 12 y los 15 años, piensan que controlan el tiempo de conexión y no perciben sensación de pérdida de tiempo (Muñoz et al., 2022). Los padres y las madres ante esto:

- ¿A qué tipo de estrategias recurren?
- ¿Cuáles son las reacciones de los adolescentes?
- ¿Proponen o están de acuerdo con los controles parentales?

A mí me dice que es suyo y que no hace nada malo. Me dice "tú tampoco me dejas el tuyo", y a lo mejor se lo dejo y dice "pero es que el tuyo no me interesa".

(Madre).

[…] lo de la cama, el hecho de tener que dejar el móvil y no estar durmiendo con él. Es más, me dicen: la alarma. Y les digo: no te preocupes que tú tienes tu despertador para poner la alarma. Y si no te llamo yo, pero no quiero el móvil en la habitación.
A lo mejor en una comida alguien saca el móvil y saben que no pueden y dicen: jo y por qué yo no lo puedo sacar si lo está sacando, o el padre o yo lo cojo en un momento determinado durante la comida y te dicen: eh que no puedes coger el móvil, que yo no lo puedo coger. Cosas así, pero vamos, que no ponen medidas y las restricciones las toman sin problema. Por eso creo que enganchadas no, porque en las restricciones están de acuerdo y nunca nos han montado el escándalo por ello.

(Madre).

Vamos, no sé qué medio podrían poner, la verdad. Pero no, cuando se come no hay móviles encima de la mesa, se está comiendo y hablamos y hasta que no dejemos de comer no se mira el móvil. Pero medidas que ellas pongan no, de ellas no va a salir nunca. Siempre salen las restricciones de nosotros.

(Madre).

Sí sí, que es suyo, que es privado y que él tiene que tener su intimidad.

(Padre).

No ... no quiere decir eso que lo estemos haciendo bien (...) Yo es que paso por la habitación y tal ... entonces veo lo que está haciendo ... es decir ... que son programas suyos de niñas ... también mi hija tiene 12 años y tiene los 12 años que antes de niña, es decir que yo veo que ve pues dibujos animados, o series estas de princesitas .., y alguna cosa más de adolescente ... entonces ... yo de momento, ...

Yo a [hijo mayor] cuando he ido, pues le he visto un poco ... y luego cuando entre los grupos de amigos han mandado alguna cosa ... a veces me la dice: oye ... es que ... no sé si lo estamos haciendo bien...

(Padre).

No es fácil la llegada de la adolescencia, no es sencilla la nueva convivencia con el que ayer era un niño o una niña dependiente y hoy cree valerse por sí mismo o por sí misma, con quien piensa que ya no nos necesita, con quien empieza a reclamar intimidad, con quien prefiere hablar y pasar tiempo con amigos que con nosotros en casa.

La preadolescencia y adolescencia, nunca fue una etapa fácil, ni para quien la vive en primera persona, ni para quien intenta acompañar en ese proceso. Por ello, este reto de saber cómo y cuándo ir soltando amarras con nuestros hijos, en lo que a las pantallas e internet se refiere, es un asunto, tanto o más importante, que otros que se nos presentan, como el salto de la primaria al instituto, por ejemplo.

Como se ha venido mencionando, las pantallas como aparatos tecnológicos que puedo dar o quitar, no es el mayor de los problemas. El verdadero reto se encuentra en educar a nuestros hijos para ser y estar en la virtualidad y saber cuándo los jóvenes están preparados para ser autónomos en esta cuestión; y aquí el espacio virtual y las redes sociales en particular no lo han puesto fácil.

Cuando ha estado dos horas y les dices, "oye que tienes que cortar" porque yo le tengo control parental, y te dice: "¿pero ya?" Hijo, es que has estado dos horas. Él piensa que ha pasado un cuarto de hora a lo mejor o menos".

(Madre).

Yo utilizo Qustodio entonces eso primero, y luego lo segundo pues cuentas de Gmail yo las tengo en mi ordenador entonces todas las fotos y un informe diario de lo que hacen.

Me imagino que ellos tendrán sus trampas, por ejemplo, ahora en Instagram yo les sigo y al tiempo me di cuenta de que tenía una segunda cuenta, que eso lo hacen casi todos, o sea mi hijo se llama tal y lo ponen como secreto, como privado, o algo así lo hace, entonces bueno, al final dices: si es que van a hacer lo que ellos quieran, pero no sé; yo como que me quedo más tranquilo.

(Padre).

Lo gestionan bastante ellos. Es decir, si tienen la actividad tienen la actividad, si tienen que estudiar tienen que estudiar, y si no tienen la actividad y no tienen que estudiar pues nosotros les damos más o menos un margen.

(Padre).

La gran diversidad de oferta que existe y lo rápido que varían las redes y aplicaciones que para los jóvenes están de moda, provoca que muchas familias –no es que no quieran controlar o comprobar qué hacen sus hijos y cómo se comportan–, en ocasiones se encuentran con la dificultad de no saber cómo hacerlo al darse cuenta de que, primero, tendrían que aprender a utilizarlas aceptando su ignorancia.

A mí me pillan. En Instagram no tengo ni idea; no sé ni cómo va.

(Padre).

Riesgos percibidos por las familias: ¿a qué nos enfrentamos?

Otro condicionante que limita, o no, nuestra actitud y nuestra acción, como padre o madre en un mundo hiperconectado, es conocer, aceptar y asumir que el uso de pantallas y del mundo virtual conlleva riesgos para nuestros hijos.

Existen amenazas que son "externas y anónimas, otras tienen lugar en un entorno social más específico como ocurre con el ciberacoso; por último, las hay que se categorizan en términos de patologización, caso de las adicciones a las TIC o los efectos negativos sobre la salud mental de los jóvenes" (Gutiérrez et al., 2022).

Vamos a ver, existen riesgos de dos tipos, por así decirlo. Un riesgo evidente es, en el que todos podemos pensar, es si se mete gente, que no son de su grupo, para poder manipularlos, hacerles daño y demás, o agredirlos de cualquier forma.

Pero también hay veces que existe un riesgo –más que un riesgo– de que se están perdiendo otras muchas cosas, aunque estén hablando con sus amigos del cole, y que no tengan un riesgo físico y un riesgo de ser agredidos o de que alguien les vaya a hacer algo; pero cuando están con sus amigos del cole yo creo que también corren un riesgo de perderse otras cosas que a lo mejor nosotros hemos disfrutado mucho de ellas.

(Padre)

Las familias asumen que existen campañas prevención y mecanismos de sanciones sociales y administrativas que permiten minimizar las primeras y las segundas en los contextos educativos, por lo que, para los progenitores, estas están razonablemente bajo control. Sin embargo, el tema de la amenaza asociada a patología genera algunas incertidumbres dado su carácter limitante entre los espacios públicos y los espacios privados.

Aquí toman relevancia los riesgos percibidos sobre la conformación del autoconcepto del joven, la sobreinfluencia de la digitalidad en su socialización y, finalmente, cómo afecta todo ello a su comportamiento social.

El riesgo a la adicción también, sí. Nosotros se lo decimos. De hecho, a veces pues llega un momento en el que mi mujer y yo tenemos problemas con ellos porque notamos que cuando están tiempo se vuelven más irascibles con los juegos, ahora me voy más en concreto al juego. Pues eso, juego, pierdo, me paso la pantalla, me enfado, me pongo irascible, llega mi hermana pasa por ahí y me dice no sé qué y ya me enzarzo con ella… entonces todo eso es un riesgo también.

(Padre).

Otro riesgo es cuando nos han pedido o nos han dicho que les han pedido permiso para poder entrar, esos son los riesgos que más miedo me dan, el que empiecen a conocer a personas que no deberían. Yo creo que sería el mayor riesgo.

(Madre).

Digitalidad, uso y gestión del tiempo

Suele ser habitual que los adultos interpretemos el presente de los jóvenes con la mirada puesta en nuestras vivencias, en nuestro pasado, de ahí esa sensación y percepción del riesgo, relativa a la mala gestión del tiempo de uso de los dispositivos, donde los padres asumen que ese tiempo se lo quitan a otras actividades como los estudios o las vivencias en la calle, la plazuela, en espacios naturales, relacionándonos e interaccionando cara a cara con los demás.

Se viene observando que, especialmente durante la adolescencia, los chicos y chicas tienden a hacer una mala gestión de su tiempo y que esto suele estar asociado y deriva en una pérdida de control de ese tiempo, generada por una especie de síndrome social de la hiperconectividad que, paradójicamente provoca además aislamiento social.

Otra de las amenazas de la digitalidad es que las familias perciben la adicción, reflejada en la ansiedad que les provoca la sensación de estar desconectados. Observamos que cuando castigamos sin el móvil en casa o en los centros educativos, los más jóvenes revelan estrategias de resistencia, como disponer de un segundo dispositivo plenamente operativo.

La dificultad que encuentran las familias también refleja esa falta de comprensión sobre la aparente paradoja para los adultos que manifiestan los jóvenes, cuando afirman que se conectan para desconectarse un rato de la realidad física y presencial, algo que ya manifiestan estudios como el de Muñoz-Rodríguez et al. (2020). Entonces:

- ¿Es una pérdida de tiempo?
- ¿Cómo reaccionamos en caso de pensar que nuestros hijos pierden el tiempo?
- ¿Por qué creemos que se conectan para "desconectar" y qué es lo que esto nos genera como padres?

A mi particularmente me enerva, como me enerva me enfado, como me enfado discutimos, entonces ya está interfiriendo, no es un mismo comportamiento que si no lo tuviese.

Entonces pues bueno, yo creo que sí que afecta. Luego pues obviamente bueno, también sería un poco yo ahora hablar del tiempo libre que pudiera pasar con él y demás pero bueno, a lo mejor sería un poco "bienqueda", por así decirlo, porque a lo mejor también si yo estoy trabajando y es la hora no le puedo decir al niño es que no pasas tiempo conmigo, porque yo tampoco con él, entonces pues tampoco puedo echarle toda la culpa a los dispositivos del tiempo que no paso yo con mi hijo, porque sería totalmente hipócrita, ¿entiendes?

(Padre).

Puede que desconexión, en algún momento desconexión… A lo mejor has estado estudiando y te apetece desconectar de lo que has estado estudiando, pues te pones. Porque realmente jugar a un juego no piensas, es mecánico. Entonces las neuronas, no piensas, y ya está. O en ese momento el juego, cuando están en las redes, les aporta estar en el mundo, saber de esta persona, de esta otra, socializarte.

(Madre).

Yo pienso que sí. No puedo decir que no estén enganchadas porque estoy segura que dejarles un día sin móvil lo notarían. Pero vamos, también pienso que el enganche que puedan tener tampoco es que sea alarmante.

(Padre).

No, yo no creo que sea un tiempo perdido en estos momentos porque todo el mundo lo utiliza entonces tienes que estar un poco informado de todo. Entonces pienso que no es un tiempo perdido. Incluso la pequeña que juega, también se tiene que liberar, no tiene que estar pensando siempre en hacer deberes o salir con los amigos. Si estuviese horas y horas y horas jugando, me preocuparía muchísimo. Pero no veo que sea el caso. Incluso si la viese irritada, irascible, entonces pues diría, jo, para, que no puede ser. Yo creo que no es un tiempo perdido.

(Madre).

Pues, pensando, la pequeña yo creo que se evade, es su forma de olvidarse un poco de todo y evadirse porque yo pienso que es una niña que lo necesita, hay veces que le supera todo.

La mayor fíjate es como algo habitual, como llegar a casa y poner la radio, o escuchar, pero a lo mejor no estás escuchando lo que dice, pero quieres un sonido de fondo. Para ella el móvil, pues bueno, vale, sí es muy importante porque estás comunicado y además es una persona que tiene una red social increíblemente grande, entonces lo necesita.

Pero no, no sabría decir cómo se sienten. La pequeña sí, yo creo que es evasión, además escuchan mucha música por el móvil. Es coger los cascos y la niña pequeña ya no existe. La mayor no, la mayor puede tener una conversación contigo y está mirándote una noticia o cualquier cosa con el móvil en ese momento y meter ya lo que ha visto por el móvil en la conversación, que lo comentan todo.

(Padre).

¿Sabes lo que ocurre? Yo te diría que es tiempo perdido, lo que a mí me sale decir, porque yo me pasé toda la vida en la calle y jugaba y tal y cual. Pero claro, llega un momento en el que yo me pongo cuando yo tenía 15 años y esa era la película que me contaba mi padre a medida de lo que yo hacía…

(Madre).

Claro, porque yo estaba estudiando, y porque yo me tenía que saber y me leían la cartilla todos los días… entonces qué es lo que ocurre, que yo creo que es tiempo perdido, pero es tiempo perdido desde mi visión. No sé, es complicado porque es mi visión de lo que yo hice con 15 años. Yo cuando viví con 15 años no es la vida actual. Entonces yo creo que es tiempo perdido, lo que pasa es que no puedo…

(Madre).

Acompañar y ayudarles a ser y estar en el espacio virtual implica también enseñarles a no tener, o perder el miedo a la posible pero irracional soledad o la sensación de estar desconectados del mundo que les rodea, de los avances, de las notificaciones, de las nuevas historias en redes o nuevos *reels* que se publican permanentemente.

Tenemos que fomentar identidades basadas en la seguridad en sí mismos, independientes y capaces de evitar la presión del grupo, evitando así consecuencias negativas como el llamado *Phubbing* (Pathak, 2013) o "ningufoneo" que se traduce en una deformación de la percepción entre lo real y lo virtual ocasionada por un uso excesivo de dispositivos que lleva a ignorar a las personas que tenemos delante por prestar atención al teléfono móvil, problema que afecta a la mitad de los jóvenes entre 15 y 17 años quienes, de forma habitual, ignoran a sus amigos y familiares en una conversación por prestar atención al móvil.

Prevenir este problema es ser conscientes, de que unos y otros hemos estado a ambos lados, los hijos han sufrido en mayor o menor medida ese llamado "ninguneo", con conductas que ya hemos puesto de manifiesto antes como son la atención intermitente que mostramos a los más pequeños por estar pendientes del teléfono, y cuando ellos crecen, es una conducta aprendida –acentuada por su ya dependencia o adicción al contenido digital– que se manifiesta en una falta de atención constante al que tienen al lado, especialmente adultos. No solo está detrás la dependencia, también la falta de autocontrol o el miedo irracional que perciben a estar sin su móvil y estar perdiéndose cosas, consecuencia que sufren muchos adolescentes cuando están sin su teléfono o no tienen acceso a Internet y que se denomina "nomofobia" (*fear of missing out*).

Ayudarles a evitar este tipo de consecuencias no deja de ser diferente a enseñarles buenos hábitos y modales a la hora de relacionarse con los demás, cuando enseñamos a los niños a ser educados, a que sepan dar las gracias, pedir perdón o saludar. Hay que enseñarles también a relacionarse con las pantallas, porque esto "no va de tecnología, va de educación" (María Zalbidea, 2020).

Me paro a pensar ¿quién es o dice ser mi hijo o hija tras la pantalla?

Muchos padres y madres reconocen que el espacio virtual es un espacio desconocido donde creen conocer cómo se comportan sus hijos, pero aseguran no estar seguros al completo: "A saber a un hijo le conoces, pero no al cien por cien, ¿no?". Este es el mismo dilema que se les presenta si les preguntamos:

- ¿Sabes cómo se comporta tu hijo o hija en el patio del colegio, cuando está en la plazuela con los amigos, cuando sale por la noche?

Asaltan también otras inquietudes:

- ¿Conocen las familias quiénes son sus hijos en el espacio virtual?
- ¿Cómo se comportan?

- ¿Quiénes dicen ser?
- ¿Qué contenidos consumen?
- ¿Qué contenidos producen?

Yo, lo que conozco, es decir, el 100% de lo que yo conozco, pero a lo mejor es un iceberg, lo que veo pues lo sé, uno que juega a un juego pues se mete a videos de cómo pasarse pantallas de ese juego, y el otro pues está con vídeos de cómo enseñar algunas fotos, de si le mete un filtro, lo que yo veo.

Pero soy consciente de que yo no estoy continuamente supervisando lo que ven ellos, o a qué dedican y qué hacen en su tiempo libre.

(Padre).

Esta es otra de las principales preocupaciones, convertida en riesgo, saber quiénes son nuestros hijos cuando están *online*. La diferencia principal se encuentra en la anchura, amplitud, capacidad y oportunidad que tiene –a diferencia de otros espacios– el espacio virtual. Y es por ello que se ha instalado en las familias, de un tiempo a esta parte, probablemente por una alerta generalizada en torno a los riesgos que conlleva la red para los menores, una gran desconfianza que provoca que las familias deban asumir un rol de águila real que vigila permanentemente el terreno. Se enfoca mal la cuestión si la decisión que hay que tomar gira en torno a controlo o no, vigilo con mayor o menos empeño lo que mi hijo o hija hace con la pantalla.

Para usar, ser y estar en las pantallas, igual que en otros espacios de la vida cotidiana, hay que educar, hay que acompañar a nuestros hijos, hay que ir ofreciendo libertad y autonomía y hay que confiar en que al final del proceso, serán personas autónomas y con criterio.

Este *acompañamiento* requiere de pautas más o menos consensuadas en función de la edad de los hijos, que van aprendiendo límites y reglas de comportamiento. Somos, como hemos mencionado, los adultos quienes animamos a nuestros hijos desde que son pequeños a utilizar las pantallas, pero suele ocurrir que se realiza de una manera poco efectiva.

El gran problema aparece cuando, sin enseñar, sin formar, sin educar, pretendemos dar autonomía y que ellos sepan autogestionarse, autodirigirse, autocontrolarse.

En ocasiones, cuesta poner límites también, porque no hemos ayudado y enseñado a gestionar esa necesaria sensación de aburrimiento a la que no están acostumbrados nuestros hijos. Desde pequeños, el aburrimiento se ha resuelto tirando de pantallas de forma generalizada, privándoles de esa sensación en la que "no sé qué hacer". Los profesionales vienen indicando que, si los jóvenes no tienen la posibilidad de aburrirse, en consecuencia, no tendrán la posibilidad de *desarrollar la creatividad, también a partir de este aburrimiento*. Esto está ocasionado esa búsqueda cuasi desesperada que muestran los jóvenes por la búsqueda del contacto con el otro mediado por la pantalla en mayor medida que el contacto humano físico y real con sus iguales.

Si no enseñamos a nuestros hijos a aburrirse, si no les enseñamos a fomentar una adecuada creatividad, si no les enseñamos a relacionarse de forma saludable con los demás en espacios virtuales, si no les enseñamos a ser críticos con el contenido que consumen, adaptado a su edad, tendremos que afrontar otro de los efectos perniciosos de la digitalidad como es la falta de conformación de fronteras o límites entre la intimidad y la privacidad y el uso que ellos mismos deciden hacer, en ese intento de irse construyendo como personas autónomas e independientes en la red. Y en la red, se hacen y son en base a lo que el mundo digital dice que hay que ser y hacer, en función de lo que está de moda. Los jóvenes, sin apoyo, caerán en esa aparente necesidad de exponer sus vidas, que va pasando de hacer una publicación en redes a través de una fotografía, a compartir cada momento del día exponiendo su cotidianeidad en formato instantáneo a través de vídeos e imágenes.

A las familias les genera malestar que sus hijos no sepan gestionar su exposición digital, lo cual les pone en riesgo, aunque ya hay suficiente investigación (Muñoz et al., 2020; Ruedas, Serrate y Muñoz, 2023) que demuestra que este riesgo va desapareciendo con la edad, según los hijos van adquiriendo mayor madurez.

¿Qué ocurre? … yo por ejemplo creo que … yo le decía, temas del ciberacoso, el tema del acoso, yo sé que por cosas que … pues algunas charlas que han dado, además yo estuve precisamente dando aquí una charla sobre temas del acoso, me llamó una asociación y tal,

A mí por ejemplo eso sí que me daba miedo … sobre todo [el niño] cuando era un poco más pequeño… ahora como es un poco más mayor …, pero sí hubo dos o tres niños que tal pero eso yo lo paré rápido en el Colegio. Yo creo que hoy en día el tema del acoso, a través de redes, de que algunas veces ponen algunas fotos de unos y de otros … yo siempre le decía: vamos a ver si es que vosotros mientras no os enteréis del tema os pueden decir lo que sea, pero vosotros no lo veis, el problema de las redes es que vosotros podéis ver alguien se puede estar metiendo con vosotros, aunque sea de una manera muy fácil.

Luego también entiendo la influencia que puede tener sobre todo pues a algunos jóvenes que están ahora … bueno todo este tipo de jóvenes que están en las redes, influencers, de alguna manera, les pueden influenciar … Eso me da un poco que puede ser peligroso. Y luego no cabe duda de que el tema de llegar a ser adicto … claro … lo que estamos comentando ... se meten, se meten, se meten … y llega un momento … pero que eso me pasaba a mí. Yo estoy trabajando y de repente tengo puesto el correo y es que dejo, dejo … yo les digo si es que el problema de tener las cosas abiertas, que estás trabajando y eso te va creando una necesidad, una dependencia… Yo creo que es dependencia, puede ser el acoso, puede ser las influencias de otras personas … Yo creo que sobre todo eso.

(Padre).

Es común la opinión de que los jóvenes no se muestran por igual en espacios *online* que en los *offline*. En Instagram, por ejemplo, muestran la parte positiva de sus vidas, omitiendo la vida familiar, persiguiendo una audiencia de iguales. Esto se relaciona con una de las amenazas específicas identificadas, como es la necesidad de una constante valoración externa para la auto reafirmación. Una reafirmación y autoestima alimentadas por el número de *likes* recibidos, principalmente en el caso de las chicas. Las opiniones, efectivamente, apuntan a una distinción de género en lo hipermedia, por ejemplo, en los juegos competitivos *online* o en determinadas redes sociales (Gutiérrez et al. 2022; Serrate et al., 2023).

Y, nos seguimos peguntando:

- ¿Conocemos o no lo que hacen nuestros hijos?
- ¿Conocemos cuántas redes utilizan?
- ¿Cuántos perfiles tienen?
- ¿Qué tipo de información comparten?

Especialmente en las redes sociales es difícil adivinar para un padre o madre si todo lo que conoce es real o hay más detrás de lo que sabe.

Tienen prohibido subir una foto que se les vea la cara. Hace años se discutió que no queríamos ninguna foto en la que se les viese la cara. Pero nos hemos dado cuenta de que si no las hacen ellas las hacen los amigos. Entonces sí tenemos, entre comillas, saben que no nos gusta, pero ya lo hacen. Al principio cuando eran más pequeñas es que no. Es más, si algún vecino o alguien nos lo comentaban sabían que…

(Madre).

Yo creo que sí. O mucho me están engañando o tal y como las conozco yo creo que se muestran.

(Madre).

El mayor sí, el otro no. WhatsApp sí. WhatsApp ha empezado el segundo ahora más recientemente. Y el mayor Instagram, WhatsApp y Snapchat, yo creo que también. Que eso lo controlo yo menos, pero bueno.

(Madre).

Sí, te hablaré del mayor, porque el otro todavía es menor. El mayor yo creo que sí selecciona lo que quiere mostrar y lo que no. Porque también yo creo que el mayor, que tiene 15 años, es bastante maduro, yo creo que sí. Entonces yo creo que elige lo que quiere subir o lo que quiere enseñar. Él fundamentalmente comparte en las redes, le gusta hacerse fotos y si está en un sitio que le gusta, que le parece bonito, pues lo comparte. Te pide que le hagas una foto y lo comparte. No comparte a diario. A lo mejor puede subir, a lo que yo le controlo, que es Instagram, ¿de acuerdo?

(Madre).

No, no es abierta, es cerrada, pero yo la veo que es menos restrictiva en cuanto a las amistades, ¿sabes? A lo mejor cuelga una cosa al mes, una foto al mes, dos fotos al mes, no cuelga más. Y luego ya el tema de WhatsApp y Snapchat, yo creo que el WhatsApp lo utiliza algo más para quedar con un amigo o tal, algo más de interacción cotidiana, no tanto como para exhibirse, o para mostrar cosas suyas, creo.

(Madre).

Más la pequeña con el WhatsApp con los amigos, es con lo que más noto que está, y la mayor está mucho en twitter con los memes, continuamente está viendo memes, y no sabría más sinceramente. Si están en otras cosas no sabría, a parte de las series.

(Madre).

Personalmente no lo sé. Lo sé por amigos que sabemos que nos siguen. Además, les decimos: por favor, si veis algo diferente, algo raro nos lo decís. Amigos familiares. Pero nosotros como padres no.

(Padre).

Y luego no los seguimos…creo que el padre no las sigue, pero no estoy muy segura, pero puede que sí. Pero yo no quiero seguirla, no me parece oportuno. Tengo los otros filtros con las otras personas. Pero yo creo que a ninguna de las dos les importaría que les siguiese…

(Padre).

Sí. En Instagram tiene dos perfiles, uno como más abierto, que es donde cuelga la mayoría de las cosas, y otro más cerrado. En el más cerrado no me tiene como amigo, lo que pasa es que intento controlar un poco qué actividad tiene esa cuenta de Instagram.

(Padre).

No sé qué criterio seguirá cuando elige las fotos que va a colgar, porque le gusta más esa foto que otra o…

(Padre).

Lo que las familias observan es que, según van creciendo, los chicos y chicas convierten los dispositivos en una especie de "prótesis" personal, siendo difícil para ellos no tener su dispositivo en la mano. A los adultos nos cuesta comprender que no se trata solo de llevar el artefacto, que se trata de llevar consigo su "yo virtual" permanentemente encima, ventana que les permite ser y estar permanentemente conectados, desde donde ellos no son capaces siempre de deslindar lo virtual de lo analógico.

Nos cuesta aceptar los nuevos modos de relación social que se da en las generaciones jóvenes. Uno de los riesgos principales de la tecnología es cómo condiciona el desarrollo de sus relaciones cuando están entre iguales.

Mi hija va con el móvil y solo tiene una mano. Según se levanta se pone los cascos y se pone la bandeja, el café, ponen el móvil en la bandeja y se va con él, desde las 8 de la mañana.

(Madre).

La mía ha llegado a meter el móvil en el microondas.

(Madre).

Yo creo que sí, te quiero decir, supongo que esto te lo diría cualquier padre. No creo que haya ningún padre que sea consciente de que su hijo está haciendo o teniendo una conexión perjudicial para él. Yo creo que mis hijos no están teniendo ese problema.

Yo creo que controlo o controlamos más o menos, ya viene una sorpresa si hace uso de los aparatos, de estos dispositivos, muy distantes a lo que yo creo, ¿no? Pero bueno…

(Padre).

Pues que no saben qué hacer. A uno le tengo ahora castigado sin móvil y me dice que qué hace. Le digo que se ponga a leer, que lee mucho, pero ahora hasta que no está castigado y le digas que se ponga a leer, pues ahora ya no le apetece. O ve a dar un paseo a la perra, o vamos a…

(Padre).

Acompañar en ese proceso de irse haciendo personas es un acto que debe hacerse consciente. Y hoy, más que nunca, tener presente que todo el contenido que consumen a través de las pantallas les influye, en positivo y en negativo, y eso va conformando también una identidad asociada a esos nuevos agentes y espacios de socialización que en ocasiones se perciben difusos y abstractos. No es más o menos relevante decidir prohibir que nuestros hijos compartan una fotografía personal, acepten o no a un contacto que no conocen en sus redes o que sigan o no a determinados *influencers*.

Lo verdaderamente relevante es acompañarlos en ese irse haciendo conscientes de cuestiones como estas:

- ¿Para qué comparto esa fotografía?
- ¿Qué busco o qué me aporta aceptar a ese contacto, ¿Qué riesgos comporta para mí?
- ¿En qué me influye esa plataforma que sigo, ese YouTuber o Instagramer?

Estamos dejando que la red eduque –maleduque o deseduque– a los jóvenes en temas tan relevantes como la sexualidad, sabiendo que diversos estudios recientes concluyen que entre el 60 % y 70 % de los menores de entre 13 y 17 años ven pornografía y se estima que el 85 % accede a ella de forma voluntaria (Ballester et al., 2021; Sanjuán, 2020; Testa et al., 2023). Es una cuestión que se viene anunciando desde hace tiempo, al igual que otras cuestiones como la cosificación e identidad diferenciada por género que generan las redes, donde niños y niñas se ven condicionados a ofrecer una versión de sí mismos cosificada y ajustada a cánones y estándares, o el posicionamiento ideológico ante determinadas cuestiones fomentado a partir de la aparente sensación de falta de criterio y desinformación de los jóvenes actualmente.

¿Queremos seguir dejando en manos de la red y de nuestros hijos el diseño de su yo futuro?

Estar al lado de nuestros niños y jóvenes favoreciendo que vayan construyendo una adecuada identidad personal y social es importante, y especialmente ayudarles a construir un buen autoconcepto de sí mismos, con una autoestima equilibrada. Esto es lo que después les permitirá relacionarse en diversos espacios, también el digital, donde plasmarán su identidad *onlife*. Que la red les influye en todo ello es cierto, pero es esencial explicarles el grado de vulnerabilidad al que están sometidos por su edad y falta de trayectoria y experiencias vitales.

No todos los riesgos se manifiestan de la misma manera, ni todos los jóvenes van a verse sometidos a los mismos riesgos, por ello tenemos que enseñarles a identificarlos y enfrentarse a ellos, solos y acompañados cuando sea necesario. No consiste en decirles que no vean pornografía, o que no sigan determinado canal de YouTube porque a mí como adulto o adulta no me gusta lo que cuentan, dicen o exponen. Consiste en explicarles por qué la sobre exposición a determinados contenidos va a provocar que normalicen e integren en su vida cotidiana conductas o actitudes poco adecuadas y mostrarles ejemplos de otros modos de hacer y de pensar.

Para concluir, las cuestiones apuntadas en este capítulo son algunas, y no todas, las preocupaciones y desafíos que se manifiestan en cualquier hogar actual en el que conviven menores de edad y jóvenes. El papel de las familias, al igual que el que tienen otros agentes como los docentes y profesionales del sistema educativo, o los responsables en la gestión de medidas y políticas públicas al respecto es relevante.

Este análisis de la cotidianeidad nos debe permitir afrontar, prevenir y acabar con la frase *todo el día con el móvil* que da lugar a este libro, en un intento de ofrecer a las generaciones jóvenes mayor libertad y menor dependencia a la tecnología, mayor capacidad para que sean ellos y no las máquinas quienes dominen, para aprovechar oportunidades y evitar riesgos.

En el capítulo seis abordamos algunas pautas y recomendaciones, ofreciendo a las familias algunos canales de interacción para convertir estas cuestiones en algo comunitario, común y compartido en la búsqueda de respuestas y soluciones.

5. Pantallas y centros educativos

Transformación de los usos pedagógicos y retos para la enseñanza y la convivencia

Las pantallas ya forman parte de los centros de enseñanza y aprendizaje; los institutos o centros de educación secundaria, de unos años a esta parte, se han visto florecidos, –que no llenos de flores–, por pantallas gigantes, acceso masivo a Internet, actividades multimediadas y, en muchos casos, móviles en los tiempos de recreo y, en algunos casos, en las aulas, sin ser conscientes del tiempo que llegan a invertir y desaprovechar en atender y aprender mientras leen un mensaje, ven un video o, peor aún, hacen fotos.

Las pantallas forman parte de la vida cotidiana de los procesos de enseñanza y aprendizaje. Internet llegó para quedarse en las aulas, y nadie duda de que se trata de una herramienta fundamental en el día a día del aprendizaje, bien a través de un ordenador, unas tablets, o un teléfono móvil. De una u otra forma, profesores y estudiantes la utilizan para resolver infinidad de asuntos académicos. Agiliza y soluciona aspectos fundamentales del aprendizaje de un joven.

No hay que mirar más que un rato desde los "ojos de buey" de un aula para comprobar los numerosos ejemplos que ponen de relieve su importancia; buscar datos e información en una clase de historia, re-producir cualquier sinfonía en una clase de música al instante, buscar múltiples respuestas y alternativas a diferentes problemas matemá-ticos, conocer los sonidos de la naturaleza, etc. En fin, numerosos ejemplos que ponen de manifiesto las bondades pedagógicas de la tecnología, del acceso a Internet; el ahorro de tiempo en muchas de las tareas académicas y no académicas, en el seno de un centro educativo de enseñanza secundaria.

No considerar e incluir los beneficios y las ventajas que tiene para el aprendizaje sería excluir al sistema educativo del mundo global digitalizado. Y si a todo esto le sumamos que en muchos centros escolares permiten llevar el móvil, la expansión de la tecnología y de las pantallas en los centros es masiva, se duplica por cada joven que lleva el móvil en la palma de la mano, dentro o fuera del aula, pues de una u otra manera lleva el mundo en su bolsillo cuando de aprender se trata.

En un nivel más político–educativo, las pantallas presentan tres características que las hacen singulares para el trabajo diario: son *democráticas*, *transversales* e *inclusivas*, lo que dignifica su utilidad y usabilidad. A priori no saben de géneros, de edades, de límites en su acceso, de asignaturas. Profesorado y alumnado pasan parte de la jornada pegados a ella y dentro del mundo que se esconde tras la pantalla. Ocupan un lugar central en la dinámica de los centros y, siendo así, vinculan al profesorado, a los estudiantes y al currículum. Y, como en todo proceso vinculativo, hemos de aprender a convivir con ellas también en los centros escolares, siendo conscientes de que presentan elementos positivos y negativos.

La tecnología es un signo del tiempo escolar actual y su presen-cia requiere del análisis, la reflexión y la actuación en torno a lo que puede ser un buen uso de la misma. Más aún, estamos empezando a comprobar que cada semana se da un paso en determinada admi-nistración educativa, para prohibir su uso en los centros escolares, limitando su uso incluso en lo que atañe a recursos educativos y no solo a llevar o no llevar el móvil.

Más aún, recientemente en nuestro país se ha presentado el "Informe del Comité de personas expertas para el desarrollo de un entorno digital seguro para la juventud y la infancia", elaborado por el Ministerio de Juventud e Infancia (2024), en el que, entre las 107 medidas que recoge, se insta a que los centros educativos regulen el uso de dispositivos tecnológicos privados y ofrezcan alternativas no digitales para los tiempos libres y de ocio.

A medida que hemos ido avanzando en nuestras investigaciones (Muñoz, 2021) hemos ido comprobando dos cuestiones que resultan nucleares. En primer lugar, cada vez más a menudo se introduce el uso de la tecnología a edades más tempranas, y, en segundo lugar, a medida que los niños van creciendo el comportamiento de la juventud se vuelve menos analógico, lo que se traduce, para muchos docentes, en la "necesidad" de digitalizar los procesos de enseñanza y aprendizaje bajo el supuesto de que serán menos tediosos para los estudiantes e iguales de eficientes.

Los criterios de uso son muy variados y suelen presentar tintes flexibles en cada centro, restricciones dentro y fuera del aula, incluso dentro y fuera del centro. Asuntos como la seguridad en Internet, el ciberacoso, los tiempos de conexión, la selección de contenidos, entre otros, son los ejes reguladores, en la mayor parte de los casos, que marcan el tic tac de las manijas del reloj de un uso u otro.

Porque por muy mundial que sea su uso, muy positivo su desarrollo en el aprendizaje y muy democrático su acceso en los centros, las pantallas no solo habitan en los centros educativos, sino que, en más ocasiones de las deseadas, inundan la vida de la juventud, muchas veces de forma indiscriminada y excesiva, tratándose de centros educativos. Porque, si bien el acceso a Internet en un instituto supone una sensación de enorme libertad a la hora de seleccionar recursos, también puede implicar el elegir mecanismos de aprendizaje que conllevan perderse otros quizá más significativos y más relevantes para la tarea que se está llevando a cabo, aunque, a veces, derive en mayor tiempo de inversión en el aprendizaje. Las preguntas surgen y están encima de la mesa:

- ¿Condiciona de manera excesiva la tecnología el desarrollo de los procesos de aprendizaje?

- ¿Se puede y se debe prohibir el uso de los teléfonos móviles en los centros educativos?

- ¿Hasta qué punto las investigaciones respaldan un uso, casi sin medida, de la tecnología en las aulas?

- ¿Todos los profesores opinan de la misma manera al respecto?

Estos y muchos otros, son los interrogantes que surgen y demandan respuestas. El debate está servido; no se trata de abrazar ni de demonizar sin criterio el uso de la tecnología en los centros de enseñanza. Se trata, más bien, de pensar y de formar, de discernir usos y tiempos, y de tomar decisiones acordes con las políticas educativas tanto en las comunidades autónomas como en los propios centros escolares.

La opinión de los profesionales cuenta

Le guste más o menos a la juventud, incluso a las familias, por muy centro educativo privado que sea –o dinero que se aporte en una u otra cooperativa de enseñanza– cuando atraviesan la puerta de un centro escolar, de un instituto, quienes lideran el proceso de aprendizaje y el proceso educativo que allí pueda acontecer, son los profesionales de la educación, principalmente profesores y profesoras. Su opinión, fundada en su experiencia y en evidencias empíricas, tiene un valor de hondo calado social y educativo, porque son ellos quienes llevan años experimentando en sus aulas las bondades de la tecnología y los retos a los que les someten a diario.

Sin entrar en mayor detalle, la mayor parte del profesorado acepta positivamente, valora de manera sincera la inclusión de las tecnologías en la dinámica de los procesos de aprendizaje, aunque, acto seguido, suelen poner condiciones: con expresiones como las que siguen: que si para ello se necesita cambiar el currículum y, sobre todo, las metodologías de enseñanza y aprendizaje; que si para ello necesitan una formación más acorde a los tiempos actuales y a los procesos mediados por la tecnología; que si se ha de valorar mayormente a quienes la usan; que si las políticas de apoyo y de conectividad a los centros deben mejorar; que si solo deberían utilizarse; cuando estén muy controlados los accesos a los dispositivos que se utilizan; etc. Es decir, la mayor parte de los profesionales quieren tecnología, pero con condiciones, porque la experiencia les dice que incluir por incluir, sin un proyecto global de fondo, no es educativo.

Una vez llevadas a cabo numerosas entrevistas entre los profesores y profesoras comprobamos que, como suele pasar, hay opiniones para todos los gustos, pero sí hay aspectos que suelen ser redundantes y que hemos de anotar. El primer argumento es algo muy sugerente: la educación pide cambios, nadie lo pone en duda entre los profesores y profesoras. El mundo educativo que subyace en los institutos necesita dar un cuarto de vuelta a la maquinaria para que funcione con la precisión que las mentes de los jóvenes y los tiempos sociales que viven requieren. Son identidades digitalizadas, son tiempos y espacios mediados por la tecnología lo que supone, en boca de los profesionales, la necesidad de cambio apoyado en la tecnología. Dicen que ha cambiado la forma de aprender, que se aprende haciendo, y que los espacios mediados por la tecnología permiten hacer las cosas, también aprender, desde procesos más motivacionales y atencionales, aunque no siempre redunde en calidad del aprendizaje.

El siguiente argumento es probablemente el más nuclear: lo que se necesita no solo es formación para los profesores, sino una educación tecnológica para los estudiantes; pero no prohibir por prohibir, sin más, el uso de la tecnología o incluso, a decir de algunos, el uso del móvil en los centros de enseñanza. Y es cierto, se requiere, como veremos en el último capítulo, de una educación vital que supere la visión instrumentalista de la tecnología y penetre en las raíces antropológicas de la educación y en una hermenéutica pedagógica.

Y luego por el otro lado, que para mí es el meollo de la cuestión, es que con esto lo que estamos haciendo es postergar y no afrontar la necesidad de la educación digital de nuestros estudiantes, empezando por los padres, siguiendo por la sociedad, y por las escuelas, y acabamos cayendo como en Francia.

(Profesora).

Mira se prohíbe el móvil y listo, le ponemos puertas al campo, o institutos donde se ha decidido prohibir el móvil, o por ejemplo padres que dicen "te prohíbo el móvil, no te lo dejo tener en toda la semana". Y lo que estamos haciendo es, pues como cuando yo estudiaba, prohibirnos usar el rotring y tener que seguir usando el tiralíneas. Yo tenía un maestro cuando yo tenía 12 años, menos, menos, 10 años, que decía que algún día eso se haría con el ordenador y estamos hablando del año 85. Y algunos nos hacían seguir usando el tiralíneas.

Es decir, existe yo creo un poco el miedo a la tecnología y no quiero decir que eso sea el detonante de que le busquemos otro ocio analógico, pero sí hay padres que te confiesan abiertamente que, como no tienen el suficiente tiempo para controlar ese ocio digital, la mejor manera es: mientras están jugando al futbol no se lo tengo que quitar, mientras están con el piano no se lo tengo que quitar… Lo cual es cierto, pero ya sabes lo que pasa entre los cinco minutos entre piano y piano y el ocio digital. Es decir que te meto muchas horas aquí que no puedes fumar, pero como tengas el vicio sales fuera a fumar.

Entonces, tengo la impresión de que lo que estamos haciendo es postergar la necesaria educación digital.

(Profesor IES).

Pero es cierto que la opinión no es ni mucho menos generalizada; hay centros, y profesores y equipos directivos que consideran que, para educar en la responsabilidad, sobre todo a jóvenes cuyas mentes no están lo suficientemente maduras, es necesario prohibir llevar el móvil a clase. Para estos profesores y profesoras poner límites es necesario, y en más ocasiones de las deseadas; los límites van equiparados a las prohibiciones, teniendo en cuenta la realidad que viven y las consecuencias que han tenido que padecer por el hecho de que los chicos y chicas porten el móvil a la hora de ir al centro.

Pues en nuestro instituto ya hemos tenido que prohibir que lleven los móviles, y no solo que no se usen en las aulas, sino que llegó un momento en el que el profesor se daba la vuelta y estaban todos sacando el móvil del bolsillo para mirar a ver si tenían algún WhatsApp.

Entonces, bueno eso, aparte de que nos hemos enterado que nos han hecho fotos, hacer fotos a compañeros también, luego las cuelgan en las redes sociales… Bueno, pues llegó un momento en el que ya decidimos se tomó la decisión de prohibirlos en la ESO, estamos hablando de la ESO de 11 a 16 años, de que lleven el móvil al instituto. Luego en bachillerato y en FP lo pueden llevar, pero en ESO…,

Bueno, pues creo que ha sido una decisión muy acertada, por dos cosas, primero pues porque eso es un elemento de distracción en las clases por el tema de las fotos a compañeros y a profesores; y después por el tema de las relaciones.

Yo hace dos años antes de que lo prohibiésemos (no se me va la imagen de la cabeza) tuve a dos niños todos los recreos de todo el año sentados en un banco, cada uno con su móvil, jugando al Fortnite todo el santo curso.

¿Ahora qué hemos conseguido? Pues que vuelvan a hablar entre ellos. Ahora hacen corros, se ponen a hablar, salen al jardín. Y bueno, hay comunicación entre los chicos que se había perdido, estaban con su móvil en el recreo y no había manera.

(Director de IES).

© narcea, s.a. de ediciones

Porque cuando no se prohíbe llevar el móvil, según nos han ido contando otros profesionales, los problemas no dejan de suceder; bien se pillan videos que se graban entre ellos en los baños y que han sido difundidos; bien graban a los profesores dando clases y terminan poniendo esos videos en las redes; bien se tienen que poner serios con los padres, cuando van al centro a exigir que se le devuelva el móvil al niño porque lo han pagado ellos, y así hasta un largo etcétera de hechos que terminan sucediendo por no haber prohibido llevar el móvil desde el principio.

Más aún, el principal problema con el que se encuentran es el de la agresividad con la que reaccionan los jóvenes cuando hay que confiscarles el teléfono móvil. Lo normal es tenerlo regulado desde el Reglamento de Régimen Interino, pero la cuestión es que no siempre o, mejor dicho, casi nunca es aceptado por los estudiantes e incluso por las propias familias, que lo defienden porque sus hijos e hijas lleven el móvil al centro por tener control en los desplazamientos, sobre todo en las ciudades que van en transporte público en muchos casos.

Sí, sí, se ponen… Violencia, vamos a ver, un poco de agresividad, es un enfado porque cuando les dices "déjalo"… Y lo he notado también en los alumnos, antes cuando podías llevar el móvil al instituto que lo requisamos el móvil por ejemplo si lo sacaban en alguna clase, yo he tenido situaciones de agresividad autentica de… los alumnos cuando le quitas el móvil se ponen a gritar "que me dejes el móvil, que me lo devuelvas…" muy agresivos.

Ellos, de pensar que el móvil se va a quedar en el instituto hasta final de la mañana o que si yo me pongo de acuerdo con sus padres el móvil se va a quedar en casa un par de días o tres, de pensar que eso va a pasar, se vuelven locos, agresivos, esa es la palabra. Y con mis hijos también lo veo, cuando les digo "dame la Tablet" se ponen … se … les entra … mucho enfado.

(Profesor de secundaria).

Y es que no existe una normativa al respecto en la que se indique qué es lo que se debe de hacer en los centros de enseñanza secundaria. Ahora se lo están planteando cuando en países como estados Unidos han llegado a denunciar a las multinacionales que han fabricado algunas herramientas. Ya se han empezado a aplicar normativas autonómicas para los centros de primaria y de infantil. Pero sigue existiendo la leyenda educativa de que, en la secundaria, como ya la mayor parte de los estudiantes tienen su propio móvil, se da por sentado que son responsables. Pero no es así.

Veremos si en unos años las normativas que están surgiendo para los centros de primaria no terminan teniendo más sentido aún en los centros de secundaria en los que, a día de hoy, es el Reglamento de Régimen Interno el que marca las normas a seguir desde una autonomía de centro. En lo que también coincide la mayor parte del profesorado es en la necesidad de formar, educar. No solo se puede aceptar un fenómeno que en ocasiones da problemas prohibiendo, sino que se tiene que asumir la necesidad de formar, tanto a profesores como a estudiantes y familias. No se trata de poner una nueva asignatura, que parece que es como se terminan resolviendo los problemas en los centros de secundaria, ni de dar cursos ad hoc en momento puntuales, y menos si es la Policía Local, quien se acerca a los centros. Se trata de hacer un Plan de Formación integral y sostenible, tanto a nivel nacional como autonómico a todos y cada uno de los docentes y de los estudiantes.

El no querer asumir un problema prohibiéndolo, pues no evita que la gente tenga sentimientos religiosos, o tenga necesidad de usar el móvil. Los problemas hay que abordarlos no ocultarlos. Y del mismo modo que no vamos a prohibir a los alumnos que tengan sexo y lo que tendremos que hacer es educarles en la sexualidad, pues eso también nos llevaría a lo otro, ¿no?

(Profesor de secundaria).

En el aprendizaje, no es oro todo lo que reluce

De manera muy simplificada tenemos que decir que, exceptuando algunos estudios, no siempre en términos científicos bien establecidos, la literatura científica y los resultados de nuestras investigaciones (Muñoz Rodríguez y otros, 2020; 2023), amén de la opinión de muchos de los profesionales, coinciden en afirmar de manera taxativa que las pantallas en los hogares ejercen un papel distractor, en lo que podemos denominar rendimiento académico del joven y en el día a día del aprendizaje.

Más allá de las diferencias por género, por ámbito rural o urbano, la edad, etc., que tienen significación, lo que en esta ocasión queremos indicar es el hecho de que la duración de consumo de las pantallas tiene una asociación negativa en el tiempo de trabajo, tanto dentro como fuera del centro escolar.

Digámoslo en términos aún más tajantes: a mayor tiempo de conexión por parte de la juventud, más tiempo de distracción en los momentos de trabajo, estudio y realización de tareas académicas. Más aún, mucho de los jóvenes afirman trasnochar o incluso pasar noches en vela a cuenta de sus tiempos de conexión en redes sociales y juegos interactivos, lo que se traduce en que transcurra la mañana dormidos y sin prestar atención a lo académico dentro del centro escolar. Y la tarde siguiente durmiendo por el cansancio acumulado. Así lo dicen muchos de ellos y ellas.

Más aún, podemos decir que no siempre su uso termina siendo un tiempo productivo. Es decir, detrás del uso de los ordenadores en las aulas y del acceso a Internet por parte de los protagonistas de la acción educativa no siempre hay un buen uso del tiempo sino, más bien, lo que encontramos es que el ordenador y la pantalla son fuente de distracción. Los profesores lo confirman, porque como es obvio, se pierde la información por el camino, y, por tanto, el conocimiento se queda en el limbo, permítannos la expresión, y el objetivo de aprendizaje y de la explicación no se logra. Porque por más que nos empeñemos, la tecnología no hace un cerebro más rápido en los jóvenes ni, por sí, favorece que la juventud lleve a cabo de forma paralela y eficiente procesamiento cognitivo.

Es cierto, que son afirmaciones generales y que no todos aquellos que se conectan poco tiempo sacan buenas notas o tienen un alto rendimiento, y viceversa; los hay que tienen un alto grado de conectividad y, aun así, terminan sacando buenas notas y teniendo un rendimiento más o menos alto en el centro escolar. De hecho, en algunas de las entrevistas llevadas a cabo, algunos progenitores y profesores nos terminaban diciendo que sus hijos tenían un alto grado de conexión y un buen rendimiento escolar. Lo que no se debe traducir en que usemos todos mucho las pantallas, porque, en términos generales, el coste social es muy alto, ya que, en un aula, el rendimiento del grupo es bajo, cuando la mayor parte de los estudiantes se conectan habitualmente. Incluso, el hecho de que un padre nos diga que su hijo o hija saca buenas notas aun estando muy conectado, no significa que pudiera sacarlas mejores –tal y como ellos mismos nos dicen– si sus tiempos de conexión fueran menores.

En los centros escolares, en los institutos, nos hemos empeñado, sobre todo en aquellos de titularidad concertada, en hacer de los libros un objeto obsoleto de manera precipitada, sin haber dado tiempo a tener resultados de estudios longitudinales que ahora empiezan a resultar. La aparición de los libros electrónicos, se decía, terminaría con los libros en papel. Y no ha sido así. Tan solo un 20% ha sido lo que ha significado la entrada de los libros digitales en las aulas. Nadie discute las bondades de lo que supone tener un ordenador con acceso Internet, ya lo hemos dicho, pero nadie se esconde cuando necesita del papel para preparar un examen, una oposición o un esquema previo a una conferencia.

Mentalmente, cognitiva y emocionalmente hablando, sigue siendo distinto darle a una tecla que escribirla. Las investigaciones son tajantes y claras (Dermurget, 2024), para leer y para escribir, el papel sigue siendo fundamental, más allá de la pantalla. Alterar o sustituir uno por otro implica alterar oportunidades y beneficios en los procesos de aprendizaje (Crato, 2024).

Y es que esto que ha sucedido con el libro en papel versus libro digital ha sido una tónica dominante a lo largo de la historia de la humanidad, principalmente en estas últimas décadas de avances técnicos y tecnológicos. Apareció la gran pantalla, el cine, y dio la sensación de que iba a monopolizar las aulas, y lo mismo con la radio, incluso, más aún, con la pequeña pantalla, la televisión. Pero los resultados a largo plazo demostraron que seguían faltando profesores y que nuevamente el ser humano iba a tropezar tres veces y las que hicieran falta en la misma piedra. ¿Cuál es esa piedra?

Muy sencillo: la lógica imperante, la que más prima en el uso o no uso de la tecnología en los centros de enseñanza no atiende a una racionalidad pedagógica ni educativa, sino más bien económica, como ya indicamos al finalizar el capítulo segundo. De lo contrario, no se explicaría este exceso de digitalización de lo escolar en todas las etapas cuando los resultados no terminan de mostrar avances educativos. Los mismos datos que indica el informe PISA nos dicen el efecto negativo que el exceso de digitalización del sistema está mostrando (Espejo Villar y otros, 2022; 2023). Hay una cierta obsesión por reemplazar el factor humano por el digital, y detrás de ello todo un proceso de marketing a través del cual convencer, o intentar convencer, a padres y madres, profesores y profesoras y agentes del mundo de la política educativa.

Son argumentos tajantes, pero poco convincentes: abaratar costes en materia prima, es decir, quitar profesores para que salga más barato el sistema. Sin embargo, en la mayor parte de los casos no termina convenciendo ni a los protagonistas del aprendizaje, ni al profesorado, ni mucho menos a las familias. Porque nos guste o no, la mera razón económica no suficiente para convencer a una comunidad educativa y, menos aún, a una sociedad. Toda herramienta educativa requiere de conocimiento educativo tanto en su diseño como en su desarrollo. Poner un video, al margen de la presencialidad, no supone ni abaratar costes ni mucho menos ganar en calidad educativa.

Pero volvamos a la pregunta que nos interesa. ¿Han cumplido las tecnologías con las expectativas que se les tenían encomendadas?

Hemos de diferenciar dos aspectos esenciales. Una cosa es aprender el uso de lo tecnológico y otra bien distinta es aprender a través de lo tecnológico. Porque es cierto, saber usar la tecnología es algo relativamente sencillo para la juventud actual, lo que no significa, como ya dejamos claro en el capítulo segundo, que sean nativos digitales. Pero bien distinto es afirmar que el aprendizaje mejora porque se lleva a cabo a través de las herramientas digitales, aun habiendo demostrado también que los espacios virtuales de formación, permiten llevar a cabo la formación precisamente porque las dimensiones espacio y tiempo no se pierden y están claramente presentes cuando hablamos de una formación mediada por la tecnología (García del Dujo et al., 2021).

Las pantallas ayudan, en los niveles de desarrollo de actividades, principalmente en la edad adulta. Pero en los procesos de aprendizaje, con adolescentes, lo que realmente conviene es el acceso al conocimiento que van acumulando cognitiva, conductual y emocionalmente en su registro personal, en su desarrollo personal, para facultarles a la hora de pensar y hacer en su ámbito relacional y comunicacional tanto a nivel personal como familiar y comunitario. Incorporar el conocimiento, y no tanto acceder a él de manera más simple y cómoda, es el objetivo prioritario. Porque incorporarlo implica manejarnos en la vida, tener perspectivas vitales de desarrollo. Por contra, muchos de los canales que la juventud utiliza y quiere incorporar permanentemente en sus procesos vitales, de desarrollo y aprendizaje –videos virales a través de YouTube, formatos audiovisuales a través de redes sociales como TikTok, etc.– son canales donde el mensaje es turbio o directamente no hay mensaje, porque no hay comienzo ni final, no hay estructura de comunicación, no hay gramáticas claras.

Y para que ese conocimiento entre se necesita del factor humano, de quien enseña y de quien aprende. Internet es una gran librería o biblioteca donde está el conocimiento a mano, pero si no se enseña a entrar, salir, estar por un tiempo, abrir en definitiva los libros y entenderlos, de poco nos sirve la tecnología en los centros de enseñanza. Hay que saber seleccionar la información, qué libros interesan y cuáles no. La tecnología da paso a la abundancia que, a su vez, obliga a desechar más que a elegir dónde buscar el conocimiento que necesitamos. Y en ese proceso de rechazo de fuentes, de libros, de conocimiento, se puede llegar a producir una pérdida de la esencia del aprendizaje como proceso de búsqueda y de construcción de conocimiento.

Principalmente porque la comunicación que se genera a través de las pantallas, base de todo proceso de aprendizaje, no solo no tiene argumento, relato, sino que está ausente de la mirada del otro, de los cinco sentidos puestos en el proceso de comunicación. Los emoticonos, las fotos, los videos resultan insuficientes para sustituir una mirada, un incluso un gesto o incluso un olor. Como decía Serrat en su canción:

> "(...) porque usted no sabía, maestra, que el mundo es siempre el mundo, que el hombre siempre es el hombre, pero no es lo mismo su olor, ¡ay! maestra, que el aire de la calle".

La inmediatez, la velocidad, la premura son quienes mandan por encima de los sentidos, porque parece ser que el oro del siglo XXI es el tiempo, pero cuando hablamos de aprendizaje ¿para quién es ese tiempo sino para quien inventó la máquina?

Parece ser, al hilo de lo que venimos expresando, que la pantalla no termina de ser el mejor medio para transmitir conocimiento, pues distrae más que atrae, o atrae distrayendo de lo que realmente interesa que es el aprendizaje. Las pantallas generan interferencias asociadas en muchos casos a ciertos riesgos en el proceso madurativo. Son, digámoslo así, un canal poco sostenible para transmitir conocimiento, aunque no podemos negar su potencialidad contextual y temporal. Pero nos guste más o menos, aspectos tan esenciales como el tacto o, más aún, como la comunicación no verbal, desparecen, obviando todo ese lenguaje oculto tan importante en un proceso de enseñanza y aprendizaje.

Las pantallas, por tanto, se entremezclan en los procesos de aprendizaje mutando muchas de las particularidades de estos, por ejemplo, la relación, la comunicación, el afecto, el contacto físico y visual, la imaginación, incluso la creatividad, la posibilidad de poner de relieve el aspecto más lúdico, etc. Expresado en otros términos –y a partir de los resultados de nuestras investigaciones que hemos ido citando–, las pantallas encapsulan y encorsetan, la naturalidad y espontaneidad con la que se debería estar representando y llevando a cabo el aprendizaje. Las formas y los mecanismos naturales con los que se trabaja en un centro educativo, en más ocasiones de las que se piensa, ven mermadas sus particularidades. Más aún, la tecnología, también, fomenta la competitividad en exceso; no tenemos más que ver cómo responden las herramientas tecnológicas cuando eres el primero en resolver un problema matemático.

Aun así, no podemos negar que determinadas herramientas digitales hacen más fácil la tarea docente, incluso facilitan el trabajo al estudiante. No tenemos más que recordar lo que era investigar hace tan solo unos años sin el acceso al conocimiento tal y como hoy en día lo conocemos. Pero, a partir de la artificialidad de lo tecnológico, su naturaleza tanto en cuanto espacio artificial, algunos aspectos del aprendizaje bloquean, privan, de hecho, al cerebro y a nuestros procesos educativos básicos, y psicológicos, de una buena parte de su esencia. Porque una cosa es usar un aparato, otra bien distinta es conocer los entresijos de lo que realmente se puede hacer con ese aparato digital, las gramáticas de lo digital (Sánchez Rojo et. al., 2022).

El ejemplo es claro. Aquellos niños que aprenden a escribir a través de un teclado comienzan a tener mayores problemas para memorizar las letras, para aprender a leer incluso. Y una vez que están hechos al teclado, presentan algunos problemas en comprensión lectora. O no digamos lo que supuso la calculadora, tal y como nos dijo uno de los profesores entrevistados.

A ver ¿qué supone usar una calculadora? Hacer más rápidas las cuentas. Pero, ¿eso significa que los chavales sepan manejar los números? Es decir, la máquina por sí sola no facilita lo que realmente es el aprendizaje. Pues eso mismo nos pasa con muchas herramientas tecnológicas actuales que usamos por comodidad.

(Profesora de secundaria).

No se trata de poner en solfa el uso de lo tecnológico en los centros de enseñanza, ni mucho menos. Y menos aún de demonizar, dicho en términos poco ortodoxos, la tecnología como herramienta de aprendizaje. Pensar de ese modo sería, sinceramente, hacer el ridículo más espantoso académica y científicamente hablando. Muchas herramientas, no siempre ligadas a la Red, a Internet y a sus cosas, suponen un soporte muy adecuado para el aprendizaje, siempre y cuando se utilicen dentro de proyectos educativos bien conformados y de programaciones de aula llevadas a cabo de forma planificada. Pero la realidad no siempre es esa.

La idea de una utilización de la tecnología de manera controlada y limitada a la necesidad pedagógica dista mucho de la tecno-euforia a la que se han sometido los centros escolares y las dinámicas internas de los procesos de enseñanza y aprendizaje. Invertir en lo digital no supone, per se, un verdadero valor añadido a la educación y a lo educativo.

Y es que la tecnología, tal y como nos dicen los propios protagonistas de la enseñanza, puede poner de relieve una enseñanza de calidad, un proceso brillante y moderno del aprendizaje, pero nunca ayuda a mejorar aquella enseñanza de baja calidad. El problema, por tanto, no es tanto lo digital, o no debe de serlo, sino lo educativo.

Son numerosas las investigaciones (Caballero-Juliá, Martín Lucas y Andrade-Silva, 2024) que ponen de relieve la importancia de lo tecnológico en las edades adultas, pero no tanto en la juventud, y mucho menos en la infancia. Lo que se traduce en que en la etapa juvenil es importante poner a prueba el esfuerzo, porque eso reafirma identidades, educaciones, aprendizajes. Hacer esfuerzo por aprender y no andamiarlo permanentemente con la tecnología implica enriquecer la mente, afianzar el aprendizaje. Desde que Vygostki y sus colaboradores lo indicaron a partir de su zona de desarrollo próximo ha ido quedando claro que hay que ayudar a quien lo necesita y siempre desde una zona de desarrollo próximo. Incluso, en ocasiones, la tecnología deja fuera a estudiantes por el hecho de tener menor preparación en competencia digital, lo que termina siendo una dificultad para el aprendizaje.

Lo que nos debe preocupar no es aliñar lo que hacemos dentro del aula con un juego online o con una técnica digitalizada, sino llevar a cabo enseñanza de calidad, es decir, lo que nos tiene que preocupar es que los chicos aprendan, y aprendan todos, no solo los más aventajados por sus condiciones sociales y culturales en sus propias familias.

(Profesor de secundaria).

Porque si de algo estamos convencidos es de que el aprendizaje debe ser un proceso del que se tome conciencia permanentemente. No nos vale el pensamiento que dice que, a través de los videojuegos, de las herramientas digitales, los jóvenes aprenden casi sin darse cuenta, porque precisamente ahí está "la trampa"; el no poner conciencia en un proceso que necesita tomar conciencia de lo que se está haciendo. El resultado es el proceso inverso: se consigue que el estudiante deje de poner esfuerzo, interés, y haga las cosas, restando importancia a su responsabilidad y, lo que es aún más negativo, a su autonomía.

El mayor representante de todo ello termina siendo, en los tiempos actuales, el ChatGPT y la IA colaborativa, aquello que ya todos quieren manejar y usar. Como todos ya sabemos, se trata de un sistema de inteligencia artificial que ha revolucionado la esfera social y económica, invadiendo, como no podía ser de otra manera, el ámbito académico, pues está hecho para responder y resolver cualquier duda o asunto que se le proponga.

La pregunta surge de inmediato ¿Qué se hace en los centros de enseñanza? ¿Cómo parar a la máquina que todo lo resuelve? Probablemente habrá que prohibirlo, o limitar su uso de manera muy extensiva. No tenemos más que imaginar los procesos de aprendizaje en un centro de secundaria donde los estudiantes delegan permanentemente en la máquina cualquier esfuerzo de reflexión que se les pide, si todos y cada uno de los jóvenes le piden a la máquina que lo resuelva, no ya que les ayude, en los trabajos de pensamiento, reflexión o de la naturaleza que sea.

Sinceramente, y con cierto criterio, esta pedagogía a la que se nos va abocando no termina de tener un sustento claro, no solo ya científico, sino ético y humano. El interés que despierta la máquina en sí misma impide realmente ver la importancia del aprendizaje. El caso es usar la tecnología en los centros de enseñanza porque es lo último, porque el mercado lo exige, porque las propias familias, lo demandan. Los docentes nos vemos envueltos en un tener que ser los abanderados de la tecnología más que los padres de nuestros hijos. Si nos piden colocar por orden de preferencia qué aspectos son los que nos muestran más interés a la hora de elegir un centro de enseñanza, lo tecnológico, la última novedad relacionada con la pantalla termina siendo la que prima por encima de la ratio de los alumnos, del proyecto educativo o de la calidad del profesorado.

En definitiva, hemos de revisar, tal y como ya se está haciendo, el uso y abuso de lo tecnológico en los centros de enseñanza. No hay más que ver una notica que salió hace unos días, ya en pleno 2024. En unos centros suecos, dieron a los niños y niñas libros "de verdad", por primera vez, ojo. Estudiantes que han pasado su vida escolar entera ligada solo a pantallas. Han visto que tienen un vocabulario más reducido, que leen más despacio, etc., etc., y que deben empezar de nuevo a usar tanto libros digitales como libros de texto en papel.

La vida escolar *online*, la convivencia, los tiempos y los espacios en los centros de enseñanza mediados por la tecnología

La vida *online* en los centros de enseñanza, la convivencia en los institutos a través de la tecnología dista mucho de lo que era hace unos años. Actualmente, como venimos viendo, las pantallas, el mundo digital, ha penetrado sus muros alterando el orden establecido de convivencia habitual, más aún en aquellos centros en los que llevar el móvil y usarlo en los tiempos libres, pasillos y patios, es lo habitual.

Pero, no siempre o, mejor en pocas ocasiones, el uso del móvil, el uso de determinadas herramientas en la vida escolar dentro de los muros de un instituto se hace con el único objetivo de un desarrollo humano más sólido ni una vida educativa más pedagógica. Para un joven, usar el móvil en el tiempo de recreo no es gratis para su desarrollo, porque interrumpe muchos de los ciclos vitales de socialización a los que debería estar acostumbrado en un centro escolar.

Las multinacionales que hay detrás de los *Chromebooks* o de los teléfonos móviles de los jóvenes no han ahorrado ni un ápice de esfuerzo para extraer de los usuarios su tiempo, su vida escolar. Han llevado a cabo diseños de última generación, han facilitado las tareas, han logrado una velocidad exclusiva en el acceso a la información en las propias aulas, todo con el objetivo de permanecer en sus manos, y no con el objetivo de un desarrollo humano sostenible ni una tarea académica más educativa. Además, se han creado a partir de algoritmos que nos obligan a buscar la pantalla, tanto a profesores como a estudiantes, porque emanan infinidad de contenidos que están hechos para que nos interesen y nos atrapen, valga la expresión por muy fuerte que suene.

La vida escolar, ha visto alterados sus ritmos, sus tiempos y sus espacios, y las formas de emocionarse, de comunicarse, de relacionarse dentro de un centro de enseñanza. Hasta hace bien poco, cuando los móviles no existían, veíamos a los estudiantes y sabíamos cómo eran en base a sus formas de interactuar, viendo cómo se relacionaban en clase y fuera de ella, y sabiendo dónde y con quién se relacionaban en el patio del centro. A medida que avanzan en edad, y más en centros en los que se permite el uso del teléfono móvil, se han modificado las reglas de juego en los jóvenes dentro de los centros escolares.

Hablamos de una cuestión de valores, de naturaleza moral a la que han accedido desde fuera. Todos tenemos moral, la juventud también, y la expresan y materializan, la transforman en ética en los centros a través de acciones, de relaciones y de formas de pensamiento. La cuestión es que hemos dejado, en parte, no en términos absolutos obviamente, que agentes externos, creadores de contenido, algoritmos y datos, multinacionales, etc., entren a acompañar a la juventud también los centros escolares y nutran su naturaleza moral desde un interés no ético, sino económico, no académico ni personal, sino empresarial.

Es que este ir poco a poco digitalizando los centros, ha sido un poco locura, porque no ha tenido una línea estratégica clara de por qué se hacen unas cosas y otras. Es decir, primero fue la página web, después el sello de centro TIC, luego la plataforma de docencia en línea, después hacer perfiles de redes sociales del instituto, posteriormente meter los Chromebooks, con toda la formación de cosas de tecnología que nos han ido imponiendo, y ahora la posibilidad de ser evaluados en competencia digital igual que en el inglés... Ha significado depender y estar a merced excesivamente de la tecnología, sin muchos argumentos educativos de fondo.

(Profesora de secundaria).

Esta profesora lo decía con mucha energía; al hilo de lo que indicamos anteriormente decía incluso que si lo que se quiere es que los jóvenes aprendan y se relacionen con los demás en los centros de enseñanza, lo que no debemos permitir es que lo hagan a través de una pantalla, porque va contra natura; porque luego hay problemas de sedentarismo que ellos mismos ven en sus centros escolares, trastornos de hiperactividad, incluso problemas de audición y visión que anteriormente no se producían. Más aún, esta misma profesora hablaba de miedos, de inseguridades que antes solo promovían defectos en relaciones sentimentales y que ahora era una cuestión muy generalizada, sobre todo en las chicas.

Y es que, en la vida escolar, las emociones fluyen permanentemente; la juventud es emocionalidad en estado puro, y la digitalidad no ha hecho más que interrumpir muchos procesos naturales de desarrollo emocional. Es lo que algún autor, como el psicólogo Francisco Villar (2023), denomina interferencias en la gestión de las emociones. El profesorado, en los centros de enseñanza, también debe formar en habilidades de gestión emocional a sus jóvenes.

Tanto en clase como fuera de ella, en la relación con los jóvenes debe prevalecer la calma, la regulación emocional, tonos suaves de voz, contacto y vínculo con los estudiantes, porque la vida emocional de un centro escolar es vital, y las emociones se pueden activar también de manera intencional por parte del profesorado.

No hay más que ver la reacción de un estudiante, me da igual chico que chica, cuando le confiscas el móvil. El cabreo es monumental, las voces le salen sin querer, incluso alguno lanza amenazas; es alucinante cómo se ponen, cómo pierden el control no solo de sus emociones, sino también de su forma de ser y de cómo se comportan.

(Directora de Instituto)

Hemos de buscar fórmulas que hagan que los estudiantes vean que no pueden tener comportamientos inapropiados cuando se les desconecta, por un uso indebido del móvil. Hay que encontrar los mecanismos para encauzar de la mejor manera posible esas emociones. Y el procedimiento ha sido muy sencillo a lo largo de la historia de la educación emocional: identificar la emoción, validarla con el estudiante y acto seguido buscar un comportamiento más tolerable y válido. Hay que hacerles ver que deben tener una actitud distinta ante la tecnología, que no deben depender de ella, que han de manifestar comportamientos mucho más proactivos, sugiriéndoles alternativas en su tiempo ante la falta del móvil.

Porque el tiempo, junto con el espacio, son las dos dimensiones básicas del comportamiento en un joven tanto dentro como fuera del entorno educativo. Y el tiempo es crucial en el desarrollo humano, y más si cabe en el de un joven.

La juventud se encuentra permanentemente en una encrucijada cuando de pantallas hablamos; de un lado existe su tiempo de conexión y, por otro lado, el tiempo desconectado, cada vez menor, y que no quiere que exista más que lo necesario.

Todo el tiempo que invierten o gastan en la pantalla compite, valga la expresión, con ese otro tiempo que puede valer hasta para el aburrimiento, con ese tiempo en el que se ubica en su mundo de la vida, conectado a él mismo y a quienes le rodean.

El *tiempo*, de nuevo el tiempo. Es otro de los debates que en los centros educativos encontramos en relación a la tecnología; a decir de los jóvenes, junto a la pantalla se les pasan más rápidas las horas, el tiempo de clase. Es ese tiempo "kairológico" que marca el aconteci-miento que les hace sentirse más confortables en clase. La perspectiva del estudiante es la de ubicarse en ese entorno virtual y dejarse llevar. Otra bien distinta es si realmente aprenden; si el conocimiento está siendo puesto a su alcance y si, en esas condiciones, la atención y los demás procesos educativos básicos están siendo desarrollados de manera eficiente.

Porque, no lo olvidemos, los diseñadores de las herramientas digitales educativas, vistos sus resultados, en cierta medida, apenas reflexionan en su planteamiento sobre las distintas maneras de en-tender el lenguaje y la expresión. Diseñan y construyen los recursos educativos con un lenguaje que para ellos es objetivo, y bajo el prisma de un tiempo y espacio objetivo; pero, en cambio, no perciben que es el lenguaje y la comunicación y la relación dentro de esos entornos, la creatividad, la libertad, la responsabilidad, los procesos que realmente hacen y construyen esos lugares como subjetivos para el estudiante. Y es ahí donde debemos encontrar el valor de ese tiempo que pasa rápido porque es un tiempo productivo.

Más aún, esos recursos convertidos en espacios de formación son también construidos desde una aparente racionalidad, cual lugares y tiempos que se entienden desde una lógica común a todos y cada uno de los estudiantes. Pero, por el contrario, en los procesos de enseñanza, a decir de los propios actores, profesores y estudiantes, lo que buscan es precisamente el lado afectivo de las cosas, también de las cosas de Internet. Solo desde la apertura a la afectividad de esos recursos convertidos en lugares en los que se invierte tiempo podremos encontrar realmente enseñanza y educación dentro de los muros de un centro escolar. Porque la juventud es pasión y razón, cerebro y corazón, pero sin pasión, sin afecto, sin emoción, difícilmente encontramos la racionalidad a las pantallas como espacios a través de los cuales generamos enseñanza y aprendizaje.

Y si nos referimos al *tiempo de ocio* en los centros educativos nos vemos de nuevo en la misma paradoja. Aquellos centros en los que se puede usar el móvil en los recreos encontramos permanentemente chicos y chicas en fila sentados cada uno mirando su móvil. La ya tradicional fotografía en la que se ve, uno al lado del otro, mirando cada uno su pantalla. La pregunta es: ¿tiene sentido que inviertan su tiempo libre dentro del centro en estar conectados a las pantallas? ¿No será más preciso y educativo que se muevan, que interactúen, aun en cursos de bachillerato? ¿Que jueguen, se miren, contacten entre ellos de formas distintas a la pantalla?

Nuestros resultados, ya citados de antemano, nos demuestran, desde las propias gramáticas de los estudiantes, que el solo hecho de ser estimulados por una pantalla no es suficiente para entablar vínculos en el recreo con el resto de los compañeros. Es decir, ellos mismos reconocen que las pantallas en los tiempos de ocio escolar no favorecen las relaciones interpersonales y todo lo que ellas traen consigo. Aun cuando están viendo los mismos videos, las mismas imágenes o jugando al mismo juego, reconocen que no les une ni les refuerza la vinculación entre ellos. No hay gestos, nos hay miradas, no hay palabras, no hay ni caricias, si fueran necesarias, cuando las pantallas, en el tiempo de recreo, media en las relaciones interpersonales.

En cambio, en aquellos centros en los que está prohibido el uso del teléfono móvil en los patios, lugares sin interferencias digitales-artificiales, los adolescentes y jóvenes salen a los patios impulsados por la necesidad de hablar, de airearse, de compartir un bocata, de reír, de acabar, a veces, con al aburrimiento de las clases, como ellos mismos manifiestan. Pero salen, hablan, se miran, pasean. Y es ahí donde el aprendizaje se refuerza y donde se generan vínculos que refuerzan, a su vez, el aprendizaje que vendrá después del recreo. Hay encuentro, sin objetivo alguno, pero hay encuentro. Unos quizá lideran el tiempo y el espacio, otros son más pasivos, pero están compartiendo el tiempo y el espacio.

Lo dicen ellos, sin móviles nos aburrimos mucho. Pero, educativamente hablando, en ese tiempo también se trata de eso, de aburrirse. No debemos tener miedo al aburrimiento, tampoco en los centros educativos, y menos por la ausencia de la pantalla como elemento mediador. Pensamos que el verdadero aburrimiento sana, transforma, enriquece. Porque lo que los jóvenes, en los grupos de discusión, llamaban aburrimiento, no era tal, porque en el fondo hacían cosas conjuntamente, paseaban, hablaban, reían. Era más bien frustración por no poder hacer lo que querían que, llegados a un punto de debate, ellos mismo reconocían que les terminaría llevando a desarrollar comportamientos en los centros escolares excesivamente individualistas y contraproducentes en un lugar en el que se va a aprender colectivamente.

Recuperando y abriendo perspectivas a la acción socioeducativa

La juventud debe adquirir competencias en los centros escolares para poder hacer frente a la hiperconectividad a la que están sometidos, no potenciar aún más la citada conexión permanente. Más allá de lo que es el pensamiento común muy extendido, eso no pasa por meter tecnología en las aulas, digitalizar por digitalizar la vida de un centro escolar sino, más bien, como veremos en el capítulo siguiente, por una educación digital que busca una conectividad sostenible, un desarrollo humano saludable.

La cuestión es muy simple y lo hemos repetido en varias ocasiones: el problema en los centros educativos no debe ser un problema tecnológico y de uso de la tecnología, sino un problema humano y educativo, de desarrollo académico y educativo de la juventud

© narcea, s.a. de ediciones

asociada a un control de las emociones, a crear espacios y tiempos reales, saludables, que favorezcan un estar bien de los jóvenes en los institutos, desde la creación de urdimbres afectivas sólidas.

Una educación, en definitiva, como iremos viendo en las páginas siguientes, que supere la instrumentalización educativa de los procesos de enseñanza y aprendizaje y que abarque aspectos más propios de la Antropología y de la Pedagogía; más allá de competencias en lenguaje y algoritmos tecnológicos; más allá de más y mejores usos didácticos de los aparatos digitales; más allá de consumir por el consumir productos tecnológicos empaquetados; más allá de encapsular las programaciones en una didáctica adherida a lo tecnológico.

Más allá, y complementando todo ello, la digitalidad en los centros de enseñanza debe pasar por una lectura más humana, de complemento, de interdependencia de lo tecnológico respecto del resto de cosas que forman parte de la cultura escolar desde hace muchos años, no de dominio de la tecnología en la acción educativa.

6. Algunas propuestas socioeducativas

A lo largo de los capítulos anteriores hemos ido presentando un análisis de la realidad de la juventud en su relación con las pantallas, tanto desde un punto de vista más social y personal, identitario, en clara referencia a los riesgos, como desde la ubicación en sus entornos primarios de socialización, la familia y el centro educativo. Corresponde cerrar el libro con los datos que han arrojado las investigaciones respecto a lo que podemos y debemos hacer. Las familias, en los grupos de discusión insistían en ello.

> *Ya no sabemos qué hacer…*
>
> (Padre y madre)

y los propios jóvenes lo indicaban con rotundidad:

> *Echadnos una mano, porque solo sé pedir que me guarden el móvil durante un tiempo para poder estudiar.*
>
> (Joven)

Queda claro que el mundo de la educación no puede ponerse de perfil ni mirar para otro lado bajo el argumentario de que son nativos digitales y no pasa nada. Estamos en un momento histórico en el que los padres y las madres mostramos nuestra debilidad de manera palpable ante la relación de nuestros hijos con las pantallas, y no sabemos buscar ese equilibrio vitalmente necesario. Más aún, estamos en una época en la que nos es difícil educar con el ejemplo, no solo a las familias, también a los profesores que deambulan con el móvil en la mano por los pasillos del centro educativo. Los unos y los otros estamos en una permanente contradicción, sin terminar de saber cómo resolver el asunto desde una óptica educativa.

Para educar es importante decir cosas, y cosas con sentido, pero, sobre todo, es importante saber qué hacer, cómo comportarse, cómo actuar en relación con la pantalla. Porque la vida de los jóvenes está modelada no solo por lo que se les dice en casa; no solo por lo que se les indica en los centros de enseñanza; sino, por encima de todo, por aquello que ven practicar a su alrededor. Y es ahí donde queremos poner el sentido de este último capítulo, trantando de mostrar algunos de los mecanismos por los que poder transitar de una forma lo más equilibrada posible en la tecnología y a través de la pantalla.

Actualmente hemos podido comprobar que hay un porcentaje de adicción a las pantallas entre los jóvenes que nos hace ver la necesidad de atender dicha realidad desde la educación. Los jóvenes no mejoran cuando son adictos a algo, cuando son dependientes de aquello que ellos creen que controlan. La tecnología y sus entresijos, –juegos, redes, pornografías, compras, apuestas, etc.– convierte en adictos muchos de los comportamientos de la juventud. Más aún, las propias pantallas ya son una adicción, a veces sin caer en la cuenta de ello. Por ello es muy importante que tengamos datos, que los sepamos interpretar y contar a la sociedad. Y, entre tanto, decir y proponer acciones educativas viables.

El objetivo de este capítulo no es presentar un recetario educativo, aunque algo de ello también habrá; es más bien trazar posibles roderas por las que poder transitar de manera sostenible. Un registro de ideas y prácticas educativas que permitan al lector obtener un caudal educativo para tomar decisiones en su relación con la pantalla. También, cómo no, orientaciones; como investigadores, tenemos nuestros propios datos y los hemos puesto a dialogar con los de otros colegas, de modo que permitan manejar los riesgos, y saber construir su identidad digital de tal forma que no se vea tambaleada su persona, individual y social.

Más allá de las normas, el ejemplo como patrón educativo

¿Qué ejemplo dan los profesores o los progenitores a la juventud? En numerosos grupos de discusión, incluso en las entrevistas a los mayores, nos hemos encontrado con la misma reflexión: *"Nuestros padres son peor que nosotros y por mucho que quieren disimularlo, están igual de enganchados"*.

La transmisión de valores empieza por el modelo educativo que damos los hijos o hijas y a los estudiantes. No hay más que escuchar a los padres y madres hablar de cómo ellos mismo usan el teléfono mientras comen con sus hijos, o incluso miran las pantallas en el coche, cuando van conduciendo; que priorizan atender el teléfono móvil por encima de prestar la atención a alguno de sus hijos o, peor aún, dejan de hacer lo que están llevando a cabo con ellos para chequear el teléfono móvil en alguna red social o simplemente en el mail bajo el argumento de que es cosa de trabajo.

No se trata de abstenerse cuando estamos con ellos o conviviendo en un centro educativo, pero sí de tomar conciencia de lo que hacemos como modelo educativo; y, en caso necesario, hacer un uso más adecuado para proporcionar otros valores en la relación con la pantalla.

Al reflexionar sobre el uso que damos a las pantallas estaremos pensando también en el uso que queremos para nuestros hijos e hijas. O dicho en otros términos, la forma más adecuada de que un joven sepa convivir con el malestar que le puede provocar la desconexión es la ejemplaridad de un adulto, fijando referencias, orientando, mediando entre lo incierto de la virtualidad y la certeza de la vida humana. Los jóvenes no siempre escuchan, pero sí nos miran y nos ven.

Hablar de valores en abstracto tampoco nos ha ido dando resultado. Pongamos el ejemplo más típico. ¿Qué valores queremos para nuestros hijos dándoles el móvil cuando hacen la primera comunión o, en el mejor de los casos, al pasar a la enseñanza secundaria? Los casos en secundaria sin teléfono móvil son ya casi nulos.

¿Algún padre o madre al darles un teléfono se ha planteado que está dando una herramienta a través de la cual van a adquirir valores que ellos no controlan? O, dicho de otra forma ¿Cuáles son los valores que buscamos darles cuando les entregamos el móvil a edades tan tempranas?

Los padres tenemos que pensar no solo qué tipo de aparato digital dejamos que entre en su vida: tablet, teléfono móvil, ordenador, etc., sino, sobre todo, para qué le damos el teléfono y de qué manera puede influir en su desarrollo personal. Estamos ante una decisión en los patrones de crianza mucho más importante de lo que nos pensamos. Hay que valorar no solo el nivel de madurez del niño, su nivel de responsabilidad, de autonomía, etc., sino, también, las actividades que va a realizar y su necesidad real, tanto de esas actividades como de su vida social y personal en la red. Dicho de otro modo, hemos de valorar si nuestra decisión moral en esa entrega viene dada por una presión social o más bien por un requerimiento personal del niño o la niña o por una verdadera necesidad familiar.

¿Por qué limitar tiempos? ¿La pedagogía de los límites está sirviendo para algo? A partir de los grupos de discusión que llevamos a cabo tanto con padres como con estudiantes comprobamos que la única medida que se tenían en cuenta y estaba muy extendida era la del control parental puesto en el móvil. Una medida que, a decir de todos, no convencía a nadie. ¿Por qué? Porque no es aceptada, precisamente porque se trata de una medida no acordada por ambas partes, una medida que impone la propia máquina, una vez la hemos instalado, sin mediar el adulto y sin mediar la palabra, el gesto, la aceptación, la ejemplaridad, el afecto, etc.

No hay un plan en el límite sino, simplemente, una imposición; a veces ni horarios. *"Tienes dos horas y úsalas cuando consideres oportuno"*, sin ser conscientes de que las terminan usando por la noche, horario menos favorecedor para el descanso, entre otras cosas. No hay educación ante el peligro, simplemente se les cierran las puertas de unos u otros lugares, que tarde o temprano, o fuera de casa y de su dispositivo, se abrirán. En definitiva, no hay educación en el autocontrol, que es otra de las dimensiones identitarias básica de la juventud y uno de los valores fundamentales en el desarrollo.

La educación habla de trazar un plan de actuación, de llegar a un acuerdo o, lo que es lo mismo, de hablarlo, de comunicarse, de aquello que a lo largo de la historia de la humanidad ha funcionado. Los expertos lo llaman pacto, acuerdo, etc. Lo del nombre es lo de menos, pero hay que hablarlo, y cuanto antes mejor. Todos hemos explicado a nuestros hijos cuando eran pequeños que un cuchillo corta y que no deben usarlo de manera imprudente; pues en este sentido se trata de hacer lo mismo, es decir, que los padres, sin miedos y sin complejos, establezcan un acuerdo en los límites y, sobre todo, en el contenido al que pueden acceder y en el uso que se le va a dar al dispositivo.

Una comunicación donde el entendimiento debe ser la pauta a seguir; una negociación que implique a cada parte expresar lo que anhelan, sus deseos, los límites a los que están dispuestos, de tal forma que todos terminen entendiendo el todo del asunto, lo que cogen y lo que dejan en favor de la otra parte. Y, una vez logrado, no hemos de juzgar, de poner malas caras, de hacer comentarios negativos a su actuación, si están cumpliendo con lo acordado y hablado. Poco a poco irán consiguiendo mayor autonomía, autocontrol y autorregulación que, en suma, es de lo que se trata.

En conclusión, no se trata de prohibir por prohibir, ni de limitar por limitar; ya lo hemos repetido. Se trata, más bien de aportar referencias y orientaciones en las formas de usos y hábitos, tiempos y espacios en todo aquello que se hace mediado por la tecnología.

Sin coartar la libertad de la juventud y su plena autonomía, les ofrecemos normas; no se trata de imponer unos límites, sino de ofrecer un marco de referencia y actuación, de orientar su entrada en el mundo digital, de mediar ante las más que posibles hostilidades que presenta el espacio digital. Los niños y los jóvenes no siempre se encuentran en condiciones de decidir, porque no siempre están capacitados para decidir por sí mismos.

Los valores siguen siendo la base de toda relación educativa, también con las pantallas

¿Qué educación en valores es la que se nos está pidiendo? La educación en valores debe seguir siendo, más aún hoy, uno de los baluartes fundamentales de los procesos educativos. Hay que enseñarles a usar la tecnología de manera positiva, constructiva y edificante; no se trata de limitar por limitar. Enseñar y educar a vivir en una sociedad de pantallas, en una sociedad digitalizada, donde los algoritmos y la llegada de los Large Language Models, como el ChatGPT, pide con fuerza una educación que promueva el espíritu crítico y un compromiso permanente desde un punto de vista cívico.

Una educación que permita aprovechar, como no puede ser de otra manera, los avances tecnológicos, pero siempre desde un discurso ético que favorezca entender educativamente la Inteligencia Artificial y todos los avances tecnológicos en el mundo educativo desde un sentido de pertenencia a la pantalla, activos, participativos, creadores, dentro de ese mundo digital.

Desde una perspectiva crítica se considera que un joven moral adopta una mirada crítica, complementada con una disposición humanitaria, cuando se relaciona con los medios digitales interactivos y las historias de otros que están mediadas tecnológicamente. Esta actitud ética es necesaria dado que nuestro mundo tecnológico y globalmente conectado presenta nuevas versiones de retos reconocibles para la democracia y la sensatez de la juventud.

Los educadores, profesores, padres y madres tienen un papel vital que desempeñar en la enseñanza y en la creación de espacio y tiempo para que los estudiantes e hijos practiquen la perspectiva crítica. Una línea educativa moral que abre, a su vez, nuevas líneas de acción educativa en torno a la privacidad, el seguimiento, el control, la espera, la legitimidad, etc. Como indica Fuller (2013) es muy probable que la era humana digital, la Humanidad 2.0. o 3.0, dé lugar a la difuminación de los límites tradicionales entre el bien y el mal.

Así pues, educar en valores en la sociedad mediada por la tecnología es poner en textura de armonía, de complicidad y equilibrio, en espacios y tiempos digitalizados, al ser humano; es propiciar ambientes y situaciones que mejoren el autoconocimiento personal y social del joven. Es educar hacia una capacitación del pensamiento, que es quien realmente detiene ese humanismo de dependencia al que las cabezas de la juventud se inclinan. Es apostar por una educación que vehicula al joven hacia una comprensión global de su existencia en base a una comprensión global de su realidad social y personal digitalizada.

Una educación que suponga la adquisición de criterio para gobernar su vida, para mandar sobre sus decisiones cuando están ante la tecnología, cuando están actuando y siendo mediados por la pantalla, que es la mayor parte de su vida, tal y como ya hemos expuesto. Y eso se consigue cuidando más uno de sí mismo.

La ética del cuidado de la que nos habla la sociedad de la información y la tecnología es una ética del ego en sentido positivo, del cuidado de uno mismo, aunque llevemos años preconizando una ética de la alteridad como principio supremo de la educación. Una ética que habla de autocontrol, como ya hemos insistido, de autorregulación, de mayores y mejores habilidades personales hacia sí mismo, y obviamente hacia los demás. Que eduque en una calidad de vida en la convivencia digital, de empatía y perspectiva social en las decisiones. Es una educación fuerte en lo que se ha venido denominando el razonamiento moral, el desarrollo de la naturaleza moral desde un punto de vista racional.

En esta educación, la comunicación y las competencias comunicacionales vuelven a ser pilar fundamental de lo educativo. Somos seres comunicacionales, más aún en esta sociedad digital. Hay que educar en mejores competencias comunicacionales, ya que el entorno digital es quien maneja, en muchos casos, la manija del reloj de la comunicación, pero donde la juventud debe poner criterio y potestad en dicho proceso. Educar en el tri-a-logo entre el yo, el tú y el ello –el espacio virtual, la tecnología, la inteligencia artificial, etc.– es fundamental en una educación en valores en la sociedad digital. Y educar en la relacionalidad, en la capacidad de relación consigo mismo y con el otro, natural, dinámica, viva, sensitiva.

Educar en valores en esta sociedad significa todo eso tanto en cuanto ponemos a la juventud en disposición de mirar a la cara, de palparse, de escucharse, de jugar conjuntamente, también, pero sin perder de vista los elementos naturales de la relación humana.

La sociedad digital conlleva un nuevo régimen en las relaciones humanas que genera cambios en las personas, que obliga a recomponer la educación en términos de entendimiento, de acuerdos, de escuchas y, también, de silencio. La llamada del ruido que gira en torno a la tecnología llama al silencio y a una educación en el silencio. Y relación con lo otro, con el contexto virtual. El joven es aún más vulnerable ante el entorno digital, ante la potencialidad del espacio y del tiempo mediados por la tecnología. Implica poner la educación no solo ante los riesgos que el entorno presenta sino, sobre todo, ante las oportunidades para el desarrollo identitario de la juventud, que son muchas. Supone educar en el aprovechamiento de la tecnología y no solo en la consumición de la misma.

En definitiva, ¿qué deliberación moral requiere la sociedad digital? ¿Es pertinente y válida educativamente la identidad digital "en vena" en los jóvenes cuando el autocontrol les ha sido arrebatado? Coincidimos con D´Olimpo (2021) en que, si bien el mundo en el que crecen los jóvenes puede ser cada vez más digital, con nuevas formas de vigilancia y control social, las habilidades que necesitamos impartir para administrar y navegar en un espacio donde el control ha sido arrebatado al individuo son decididamente análogas a las que usamos en el mundo analógico. Como insinúa el trabajo de D'Olimpio, la facultad de la crítica y la razón siguen siendo tan necesarias como antes de la era digital.

Hacia un equilibrio vitalmente necesario: ni dominantes, ni dependientes, sino pertenecientes al mundo tecnológico

Uno de los mecanismos fundamentales que la juventud y quienes nos movemos en sus alrededores tenemos que poner en marcha es el de saber dónde están, en qué lugar de la orilla se encuentran los estudiantes en relación a las pantallas. La fórmula es muy sencilla: o son dominados por la pantalla, y ese es un concepto que manejan bien; o las dominan ellos, asunto francamente complejo y de rareza existencial; o pertenecen a ese mundo en el que están cómodos, pero saben, en todo momento, manejar su uso, entrar y salir en un sitio y en otro, conocen sus riesgos, controlan los tiempos de conexión, etc. La relación con la pantalla es inevitable, pero:

- ¿Quién domina a quién en nuestra relación con la pantalla?
- ¿En qué lado de la trama nos debemos situar en un plano educativo?
- ¿Cuál es el humanismo bajo el que queremos educar a nuestra juventud?
    - ¿Humanismo de dominancia?
    - ¿Humanismo de dependencia?
    - ¿Humanismo de pertenencia?

Para ello existen ya numerosos cuestionarios que ayudan a identificar el grado de conexión, más o menos adicta o dominante respecto de la tecnología (Young, 2011; Masip, 2018; Jurkowski, 2019). También existen numerosas aplicaciones que ayudan a hacer ese trabajo y avisan de lugares, tiempos, etc., de la manera más o menos saludable de llevar a cabo la relación. Puede parecer obvio, pero es un ejercicio que se ejercita con menos frecuencia de la que nos pensamos. Hay que preguntar a los jóvenes por su nivel de irritación cuando se desconectan, por las formas en que se ponen a la defensiva cuando se les pregunta por tiempos de conexión, por las veces que sienten miedo o soledad o tristeza cuando no se pueden desconectar, o la frecuencia con la que se quejan cuando les cortan la conexión. Esas y otras muchas preguntas son fundamentales.

Se trata de conocer el paisaje o panorama sobre el uso, y los tiempos y lugares por los que los jóvenes se mueven en Internet. Buscamos, con este mecanismo, conocer los sitios y lugares en los que ingresan y, a veces, se aprisionan y aíslan. Es necesario registrar la relación o vinculación con los sitios por lo que están para determinar el nivel de dependencia, o no, al que están sometidos. Son cuestiones importantes acerca del nivel de relación, afecto, comunicación de los jóvenes. De esta manera se mide también su nivel de atención a sí mismos y a los demás, los grados de relación con hermanos y amigos, los posibles problemas que se pueden derivar con asuntos académicos y/o sociales, etc.

El problema ha estado en considerar la tecnología, el mundo de las pantallas, desde un punto de vista instrumentalista, didáctico, con la consiguiente derivación de que lo dominamos una vez que aprendemos a usarlo. Y bajo el paraguas de la competencia digital hemos ido construyendo un discurso educativo al amparo del humanismo de dominancia por parte del ser humano en relación a la tecnología, pues nos hemos considerado competentes en su uso y manejo.

Educativamente hablando, nuestra interpretación de las tecnologías debe superar la mera concepción instrumentalista que no va más allá de comprender lo tecnológico desde un punto de vista performativo, es decir, instrumento que nos facilita la vida y nos permite llevar a cabo funciones de forma óptima y eficiente. La tecnología, en cuanto que innovación disruptiva, no se sostiene con facilidad porque no es una industria como tal, sino que se asienta básicamente en la naturaleza relacional, como ya hemos dicho anteriormente.

Coincidimos con Sidorkin (2021) en que la expectativa de una innovación disruptiva se basa en la suposición errónea de que la educación es similar a otras industrias relacionadas con la información; no lo es. E ignorar su naturaleza impide que la educación cuente una historia alternativa convincente, que va más allá de dominadores de la situación y se encuentra, más bien, sujeta a la dependencia.

En este sentido, hemos de pensar la tecnología y el mundo de las pantallas como elementos constitutivos de la juventud, y a la juventud como seres vivos pertenecientes al mundo digital; ni dominadores ni dependientes, sino pertenecientes a ese mundo de la vida, una vida *onlife*. Porque permite la conformación de experiencias educativas, de procesos de construcción identitario, incidiendo incluso en sus maneras de pensar y hacer cosas, de representarse incluso. Los jóvenes pertenecen, por tanto, al mundo tecnológico, o lo que es lo mismo, las pantallas y la digitalización les constituyen como seres humanos, porque terminan influyendo en las posibilidades de acción y de pensamiento, de sentimiento, de relación, llegando a dar forma a los mecanismos de comprensión y realización de cualquier actividad.

El mundo digital no es el problema, sino la oportunidad que nos da la mano. Y es por ello por lo que hemos de hablar de una educación y de unos patrones educativos edificantes, constructivos, complementarios a la crítica y la norma, superadores de la instrumentalización educativa y componedores de argumentos desde la raíz antropológica de la tecnología:

> "Una pedagogía acorde con un humanismo de pertenencia a la digitalidad: ni dominantes de ella –como es obvio– ni dependientes tampoco –como es de hecho–, sino pertenecientes, que no enredados, a un nuevo entorno que los sujetos ya habitan. Un mundo *onlife*" (García del Dujo et al., 2022).

No olvidemos por qué y para qué lo hacemos

No olvidemos por qué hacemos todo esto, aunque ahora veremos cómo podemos hacerlo. Lo hacemos porque la preocupación es generalizada, y la falta de soluciones adecuadas no es abundante. Lo hacemos porque el reto que supone a familias y educadores acompañar, educar, enseñar, aconsejar, orientar, asesorar, filtrar, restringir, ofrecer libertad, y un largo etcétera de funciones, no es fácil, más aún cuando el atractivo que tienen las tecnologías y la capacidad de atracción que tiene la digitalidad nos está ganando la batalla.

Para las familias, pero con la colaboración de educadores y profesores que acompañan día a día a los adolescentes y jóvenes en las aulas, es esencial comprender el esquema en el que debemos movernos al inicio y durante el proceso en el que los más jóvenes van sumergiéndose en el mundo virtual, en la pantalla y en la red, como parte de su proceso de socialización y desarrollo. Nuestra principal función: *acompañar*. Y, en ese acompañar, *educar*. Pensemos en el siguiente esquema:

Madres, padres, profesores, educadores...

Ser ejemplo
   Responsables en el uso de la pantalla
   Priorizar la persona a la pantalla
   Cuidado y comunicación con los más jóvenes

Toma de decisiones
   Adecuación y autonomía en el uso
   Tiempo de hablar, de comunicarse
   Menos límites, más acuerdos
   Alternativas al tiempo desocupado de calidad

Resultado
   Jóvenes independientes a la presión social
   Jóvenes responsables
   Jóvenes críticos y empáticos
   Jóvenes con autocontrol y autorregulación

El acompañamiento al que nos referimos debe permitirnos ser ejemplo, saber tomar decisiones y obtener resultados positivos. Conseguir los resultados esperados implica, no obstante, colaboración entre agentes educativos, comprensión con las necesidades escolares, pero también con las necesidades familiares. Cooperación en el ejemplo, mensaje y pautas que se ofrecen en ambos espacios.

Ser ejemplo

1. **Debemos despertar la capacidad de autorreflexión como adultos,** y valorar el tiempo de uso, el tipo de uso y la capacidad de autorregulación que tenemos para poder pautar a los jóvenes cómo deben hacerlo ellos. Venimos insistiendo en ello, pero el uso que hacen los adultos de las pantallas es determinante y en un hogar o en un aula con chicos y chicas que están deseando ser independientes en el uso de pantallas es sumamente ejemplificante. También hemos sido absorbidos por la digitalización, por ello, pensemos que estamos, junto a los jóvenes, en el mismo barco. Desde ahí podremos tomar decisiones conjuntas en torno al cuándo, cómo y para qué utilizar las tecnologías y pantallas en espacios compartidos como el hogar, los centros escolares, cuando estamos con amigos o familiares, etc.

2. **Priorizar a la persona antes que a la pantalla** significa darnos cuenta como adultos de que no hacemos lo que les pedimos a ellos que hagan. Ellos en un banco rodeados de amigos están mirando la pantalla, y lo vemos como algo negativo. Nosotros en el hogar o en el aula, en múltiples ocasiones miramos la pantalla cuando *deberíamos mirarlos a los ojos y prestarles atención plena*. Autorreflexión en nuestras conductas para poder educarles en el cuidado y atención al otro.

3. **Insistimos en el cuidado y la comunicación y la creación de espacios seguros de confianza** donde crear vínculos afectivos y comunicativos positivos, donde reine la asertividad y desde los que se afronte cada circunstancia acorde a la edad de los niños y situación familiar. Espacios donde la escucha y la atención no tenga distracción, donde pueda practicarse una comunicación *slow* (Serrano, 2014) cara a cara, donde domine la vista, el tacto, el olfato, el oído.

Toma de decisiones

4. **No hay una norma generalizable,** no existe un criterio único que permita ser tomado en consideración de la misma forma para todas las familias. ¿A qué edad damos su primer teléfono móvil? *La edad es solo un criterio más* a la hora de ofrecer autonomía en el uso, pero no la única ni la más importante. La autonomía e independencia que vamos a ofrecer dándoles el teléfono móvil en propiedad a edades tempranas debe estar en relación al nivel madurativo del niño, a las necesidades familiares y a la reflexión de para qué la pantalla y hasta dónde usarla.

5. **Hay que buscar, tiempo para hablar y comunicarse,** en las familias, en los centros educativos. Establecer canales *para la toma de decisiones*, donde poder consensuar normas, establecer límites, negociar preferencias. Hay que hablar con los más jóvenes sobre lo que son códigos de conducta positiva y modelos de relación adecuada con la tecnología y sin ella, en y fuera del espacio virtual.

6. **Hay que llegar a acuerdos,** a consensuar con los más jóvenes qué está bien y qué no está bien, qué es saludable y qué no lo es. Escuchemos los adultos también a los adolescentes y jóvenes, ellos tienen mucho que decir del periodo y época que les ha tocado vivir. Solo desde la comunicación se llega a acuerdos, evitemos límites impuestos que, como bien sabemos, a esa edad sirven para poco cuando un joven está decidido a saltárselos.

7. **Ofrecer alternativas al tiempo no ocupado,** al tiempo libre, donde se favorezca el desarrollo de la creatividad, de la relación cara a cara y física, pero también alternativas para uso de pantallas que unan y no separen en el entorno familiar y escolar. Es lo que se denomina *slow tech parenting* en el ámbito familiar, donde se promueve una educación que busca el equilibrio entre lo tecnológico y la interacción humana.

Resultado

8. **Nadie ha dicho que educar sea fácil o sencillo,** no hay una regla escrita bajo la cual, los adolescentes o jóvenes deban ponérnoslo fácil, más bien lo habitual es que suponga un gran reto. Por ello debemos mostrar empeño en *influir positivamente en el proceso de construcción identitaria* de los más jóvenes, ofreciéndoles espacio para convertirse en personas responsables, autónomas, críticas y libres, con lo que hacen, con lo que son, con lo que consumen.

Desde la racionalidad de lo expuesto hasta el momento, estamos seguros de que, con mayores o menores piedras en el camino, conseguiremos que los jóvenes sean independientes a la presión social, a lo que está de moda, a lo que todos hacen. Conseguiremos hacerles responsables, con lo que consumen, con lo que les llega, con lo que publican, con el tiempo que dedican a estar con la pantalla y a estar en contacto con los demás. Serán críticos, responsables y empáticos consigo mismos y con los demás, y alcanzarán madurez para conseguir un mayor autocontrol y autorregulación en su relación con la pantalla; y esto, en comparación con la que muchos adultos aún no han llegado a conseguir.

Recomendaciones y buenos hábitos

Somos conscientes de que la reflexión, sin pautas más o menos ordenadas, genera confusión a la hora de abordar lo más importante:

- ¿Cómo puedo hacerlo yo, que soy padre, que soy madre, que soy docente o educador?
- ¿Por dónde puedo empezar esta labor de acompañamiento educativo a los más jóvenes?

Ponemos de manifiesto a continuación lo que en algunos otros espacios ya se ha puesto de relieve como pautas que funcionan y/o hábitos que protegen, e incidimos en algunas otras que consideramos relevantes como resultado del proceso de investigación realizado desde la voz de las propias familias y educadores.

Pautas que funcionan y/o hábitos que protegen

➡️ **Uso consciente.** Es fundamental fomentar una actitud consciente hacia el uso de las pantallas, teniendo en cuenta cuándo y cómo se utilizan. El objetivo es asegurarse de que la tecnología complemente nuestra vida diaria sin convertirse en una fuente de distracción o interferencia negativa. Establecer momentos específicos para desconectar puede ayudar a mantener un equilibrio saludable entre la vida digital y real.

➡️ **Educación y alfabetización digital.** La promoción de la educación sobre el uso seguro y responsable de la tecnología es crucial, especialmente entre niños y adolescentes. Programas de alfabetización digital que enseñen sobre los riesgos en línea, cómo identificar la desinformación y el desarrollo de hábitos de navegación seguros son fundamentales para preparar a los jóvenes para navegar el mundo digital de manera informada y protegida.

➡️ **Comunicación abierta.** Mantener canales de comunicación abiertos sobre el impacto de la tecnología en nuestras vidas es esencial. Esto implica dialogar sobre cómo el uso de las pantallas afecta a nuestras relaciones, trabajo y bienestar, y abordar cualquier inquietud que surja de manera constructiva y proactiva.

➡️ **Predicar con el ejemplo.** Los adultos, particularmente padres y educadores, juegan un papel crucial como modelos a seguir en el uso de la tecnología. Al mostrar un uso consciente y responsable de las pantallas, los adultos pueden guiar con el ejemplo, promoviendo prácticas digitales saludables entre los más jóvenes.

➡️ **Establecer límites y reglas.** La definición de límites claros respecto al tiempo frente a la pantalla y el tipo de contenido accesible es vital para evitar el uso excesivo. Acuerdos familiares sobre los horarios de uso de dispositivos, áreas libres de pantallas en el hogar y la selección cuidadosa de contenido son estrategias efectivas para mantener un uso equilibrado de la tecnología.

➡ **Fomentar interacciones en el mundo real.** Impulsar actividades que promuevan la interacción cara a cara y el disfrute del entorno natural contribuye a un estilo de vida equilibrado. Las actividades al aire libre, los pasatiempos manuales y la participación en eventos comunitarios son formas excelentes de enriquecer nuestras vidas más allá de las pantallas, fomentando relaciones personales sólidas y un bienestar emocional saludable.

➡ **Evaluación crítica de contenido.** Desarrollar y fomentar habilidades para evaluar críticamente la información encontrada en línea. Esto incluye enseñar a identificar fuentes confiables, verificar hechos y discernir entre opiniones y datos objetivos. Una evaluación crítica del contenido puede ayudar a combatir la desinformación y promover un entendimiento más profundo de los temas de interés.

➡ **Uso de herramientas de control parental y configuraciones de privacidad.** Aprovechar las herramientas de control parental y ajustar adecuadamente las configuraciones de privacidad en dispositivos y plataformas en línea para proteger a los usuarios más jóvenes de contenido inapropiado, y preservar su privacidad personal. Estas herramientas pueden ser aliadas importantes para los padres en la gestión del tiempo de pantalla y el acceso a contenidos.

➡ **Participación en actividades que promuevan el bienestar digital.** Involucrarse en actividades, talleres y programas que fomenten un enfoque saludable hacia el uso de la tecnología. Esto puede incluir participar en campañas de concienciación sobre la seguridad en línea, asistir a talleres sobre bienestar digital y unirse a comunidades que promuevan prácticas digitales positivas.

➡ **Creación de espacios libres de pantallas.** Establecer áreas en el hogar donde el uso de dispositivos digitales esté restringido, como comedores o dormitorios, para fomentar el tiempo en familia y las interacciones personales sin distracciones digitales. Estos espacios pueden ayudar a mejorar la calidad de las relaciones personales y promover una desconexión saludable del mundo digital.

➡ **Fomento del autocuidado digital.** Animar a las personas a adoptar prácticas de autocuidado que incluyan períodos de desconexión digital, la práctica de la atención plena (mindfulness) y la realización de actividades relajantes sin pantallas. El autocuidado digital es esencial para mantener un equilibrio emocional y evitar el agotamiento asociado al uso excesivo de la tecnología.

➡ **Apoyo y recursos para la gestión del estrés digital.** Proporcionar acceso a recursos y soporte para aquellos que experimentan estrés, ansiedad o cualquier otro impacto negativo debido al uso de la tecnología. Esto puede incluir servicios de consejería, líneas de ayuda y recursos educativos que ofrezcan estrategias para manejar el estrés digital de manera efectiva.

➡ **Aplicar la regla 20-20-20.** Para combatir la fatiga visual digital, se recomienda seguir la regla 20-20-20. Este método consiste en tomar un breve descanso cada 20 minutos para mirar algo a 20 metros de distancia durante al menos 20 segundos. Esta práctica ayuda a relajar los músculos oculares y reduce el riesgo de fatiga visual, sequedad y otros síntomas asociados con el uso prolongado de pantallas.

➡ **Mantener una postura adecuada.** La postura que adoptamos al usar dispositivos digitales puede tener un impacto significativo en nuestra salud musculoesquelética. Mantener una postura adecuada, asegurándose de que la espalda esté recta, los hombros relajados y la pantalla a la altura de los ojos, puede prevenir el desarrollo de dolor de cuello, hombros y espalda. Es importante también hacer ajustes ergonómicos en el área de trabajo, como usar sillas con soporte lumbar y teclados y ratones diseñados para reducir la tensión.

➡ **Reducir el uso de dispositivos antes de dormir.** La exposición a la luz azul emitida por las pantallas de dispositivos electrónicos antes de dormir puede interferir con los ciclos naturales de sueño. Para promover un descanso nocturno de calidad, se aconseja limitar el uso de estos dispositivos en la hora previa a acostarse. Optar por actividades relajantes sin pantalla, como la lectura de un libro o la meditación, puede favorecer una transición más suave hacia el sueño.

Una última recomendación a modo nuevamente de reflexión. Las generaciones más jóvenes sufren –como estamos viendo– un alto superávit de tecnología, pero, además, esto está generando un gran déficit de naturaleza que afecta a su desarrollo. Tanto familias como educadores, aprovechen más el espacio natural, fomenten el desarrollo de los cinco sentidos. Apoyamos lo que ya aseguraba Catherine L'Ecuyer que hace milagros: pase lo que pase, papás y mamás, dediquen treinta minutos cada noche a la llegada del colegio o a la hora de dormir y cuarenta minutos cada semana en un lugar fuera del hogar para estar con sus hijos, sin distorsión de la tecnología.

Entre todos, podemos conseguirlo

Las dos principales conclusiones a la que llegamos tanto como resultado de nuestra investigación como con este libro es: primero, que la digitalidad y la hiperconexión nos preocupa a todos, pues ha perpetrado todos los espacios vitalmente conocidos por el ser humano; y, segundo, que tiene que ser cosa de todos el resolver la papeleta y afrontar el futuro de una manera más satisfactoria en cuanto a los riesgos y las oportunidades que nos ofrece.

Los espacios de reflexión compartida son importantes porque sirven para buscar soluciones de forma conjunta a preocupaciones compartidas.

Para ello, queremos dar vida a este libro para que, a través de él, se escuchen más voces, se pongan sobre la mesa estas y otras preocupaciones y se hallen –desde la creatividad en la resolución de situaciones difíciles– soluciones efectivas en pro de una infancia menos condicionada y menos sometida al efecto de una sociedad teologizada y virtualizada.

A traves de este libro, ofrecemos a los lectores dos espacios de comunicación, en los que encontrar canales de comunicación y respuestas. Espacios que nos van a permitir ir generando más conocimiento adaptado a los retos actuales, con la intención de que la trasferencia de la investigación educativa llegue a más familias, más centros escolares y más entornos educativos.

Todo el día con el móvil y mucho más

Acceso: @todoeldiaconelmovil

Se trata de una cuenta en la red social Instagram donde familias, docentes y educadores podrán encontrar:

- Apartado *recomendaciones:* pautas y recomendaciones realizadas a partir de las reflexiones hechas en este libro, pero también otras actualizadas y adaptadas a lo que las familias y docentes vayan requiriendo.

- Apartado de *novedades:* normativas, interpretación de informes, encuestas, ayudas, etc. que vayan surgiendo en torno a el tema de las pantallas durante la adolescencia.

- Espacio de *compartir:* a través de Threads encontrarás un espacio en el que otros padres y madres, docentes y educadores manifiestan sus inquietudes, sus problemas cotidianos.

En esta cuenta, os leemos y ofrecemos respuestas.

Referencias [*]

Abirami, S. & Keerthika, J. (2021). Analysis of Future Technological Changes. *Science. Journal of Computing and Natural Science, 1*(4), 107-113.

Ávila Francés, M. (2005). Socialización, Educación y Reproducción Cultural: Bourdieu y Bernstein. *Revista Interuniversitaria de Formación del Profesorado, 19*(1), 159-174.

Ballester, L., Rosón, C., Facal, T. y Gómez, R. (2021). Nueva pornografía y desconexión empática. *Revista Internacional de Estudios Feministas, 6*(1), 67-105.

Banderas, A. (2021). *Habla con ellos de pantallas y redes sociales.* Lunwerg.

Borja, J. y Castells, M. (1997). *Local y global. La gestión de las ciudades en la era de la información.* Taurus.

Brubaker, R., & Cooper, F. (2000). Beyond "Identity". *Theory and Society, 29*(1), 1-47.

Caballero-Julia, D., Martín-Lucas, J. y Andrade-Silva, L.E. (2024). Unpacking the relationship between screen use and educational outcomes in childhood: A systematic literature review. *Computers & Education,* 215. https://doi.org/10.1016/j.compedu.2024.105049

Castells, M. (2006). *La era de la información.* Alianza.

Crato, N. (2024). *Apología del libro de texto. Cómo escribir, elegir y utilizar un buen manual.* Narcea.

Dermurget, M. (2020). *La fábrica de cretinos digitales. Los peligros de las pantallas para nuestros hijos.* Península.

---

[*] Todos los hipervínculos que figuran en estas referencias han sido consultados con fecha 12 de diciembre de 2024.

Dermurget, M. (2024). *Más libros y menos pantallas: Cómo acabar con los cretinos digitales.* Península.

Domoff, S., Radesky, J. S., Harrison, K., Riley, H.O., Lumeng, J.C., y Miller, A.L. (2018). A Naturalistic Study of Child and Family Screen Media and Mobile Device Use. *Journal of Child and Family Studies,* 28, 401-410.

Escofet, A., López, M., y Álvarez, G. (2014). Una mirada crítica sobre los nativos digatales: Análisis de los usos formales de TIC entre estudiantes universitarios. *Revista Q. Tecnología. Comunicación. Educación,* 9(17), 1-19.

Espejo Villar, L.B., Lázaro Herrero, L., y Álvarez-López, G. (2022). UNESCO strategy and digital policies for teacher training: The deconstruction of innovation in Spain. *NAER, 11*(1), 15-30.

Espejo Villar, B., Lázaro Herrero, L., y Álvarez López, G. (2023). Digitalización educativa y aprendizaje móvil: tendencias en las narrativas políticas de los Organismos Internacionales. *Foro de Educación, 21*(2), 45-66. http://dx.doi.org/10.14516/fde.1025

Fernández Palomares, F. (Coord.). (2009). *Sociología de la educación.* Pearson.

Floridi, L. (2015). *The Onlife Manifesto.* Springer.

García del Dujo, Á., Vlieghe, J., Muñoz-Rodríguez, J.M., y Martín-Lucas, J. (2021). Pensar la (teoría de la) educación, desde la tecnología de nuestro tiempo. *Teoría de la Educación. Revista Interuniversitaria, 33*(2), 5-26. https://doi.org/10.14201/teri.25432

Gardner, H. y David, K. (2014). *La generacion APP. Cómo los jóvenes gestionan su identidad, su privacidad e imaginación en el mundo digital.* Paidós.

Gaytán, S. (2014). El individualismo reticular, problema de la teoría social del siglo XXI. *Estudios de Comunicación y Política*, 33, 206-216.

Giant N. (2016). *Ciberseguridad para la i-generación. Usos y riesgos de las redes sociales y sus aplicaciones.* Narcea.

Giddens, A. (2010). *Sociología.* Alianza (6ª ed.).

González-Alba, B., Mañas-Olmo, M., Prados-Megías, M.E., y Sánchez-Sánchez, M. (2024). Teorías y prácticas educativas contrahegemónicas. Sobre la pedagogía disruptiva. *Teoría De La Educación. Revista Interuniversitaria, 36*(2), e31679. https://doi.org/10.14201/teri.31679

© narcea, s.a. de ediciones

ante las redes. *Comunicar*, *75*(XXXI), 9-20. https://doi.org/10.3916/C75-2023-01

Stepahansen, Hilde C., & Treré, E. (2020). *Citizen Media and Practice. Currents, Connections, Challenges*. Routledge.

Solé-Blanch, J. (2024). Autoridad, vínculo y saber en educación. Transmitir un testimonio de deseo. *Teoría de la Educación. Revista Interuniversitaria, 36*(2), e31537. https://doi.org/10.14201/teri.31537

Sotelino-Losada, A., Santos-Rego, M.A., y Lorenzo-Moledo, M. (2024). Investigación y transferencia del conocimiento en Ciencias de la Educación: Una cuestión de justicia social. *Teoría De La Educación. Revista Interuniversitaria, 36*(2), e31655. https://doi.org/10.14201/teri.31655

Suárez-Guerrero, C., Gutiérrez-Esteban, P., y Ayuso-Delpuerto, D. (2024). Pedagogía Digital. Revisión sistemática del concepto. *Teoría De La Educación. Revista Interuniversitaria*, *36*(2), e31721. https://doi.org/10.14201/teri.31721

Turkle, Sh. (2011). *Alone together: why we expect more from technology and less from each other*. Basic Books.

Turkle, Sh. (2015). *Reclaiming conversation: the power of talk in a digital age*. New Penguin Group.

Unesco (2022). *Reimaginar juntos nuestros futuros. Un nuevo contrato social para la educación*. (Informe de la Comisión Internacional sobre los futuros de la educación). Fundación SM y Unesco.

Villar, F. (2023). *Cómo las pantallas devoran a nuestros hijos*. Herder.

Vlieghe, J. (2022). Sharing Love for a Common World On and Off Screen. A Pedagogical and Technocentric Account. *Journal of New Approaches in Educational Research, 11*(1), 1-14. doi: 10.7821/naer.2022.1.855

Wacks, Y. & Weinstein, A. (2021). Excessive Smartphone Use Is Associated With Health Problems in Adolescents and Young Adults. *Frontiers in Psychiatry*, 12.

Colección EDUCACIÓN HOY

Libros con un enfoque teórico-práctico y divulgativo sobre temas esenciales que afectan
al profesorado de cualquier nivel: desarrollo profesional, metodologías, currículum, inclusión,
convivencia, orientación educativa, organización escolar, liderazgo, innovación…

TÍTULOS PUBLICADOS